Der Tumor und ich

RÜDIGER WIESNER

Der Tumor und ich

Keine besten Freunde

Bibliografische Information der Deutschen Nationalbibliothek
Die Deutsche Nationalbibliothek verzeichnet diese
Publikation in der Deutschen Nationalbibliografie; detaillierte
bibliografische Daten sind im Internet über http://dnb.d-nb.de
abrufbar.

Umschlagdesign, Satz, Herstellung und Verlag:
BoD - Books on Demand, Norderstedt
ISBN 978-3-7543-0344-3

Inhalt

Vorwort

Etwas zu meiner Person; Jahrgang 62, in Görlitz geboren. Über die Stationen Hannover, Dortmund und Kappeln an der Schlei im Jahr 2017 nach Flensburg gezogen .

Von Kindesbeinen an habe ich Sport getrieben, mal mehr und mal weniger erfolgreich. Speerwurf war meine große Leidenschaft und in den 80er-Jahren war ich damit in Hannover auf Landesebene sehr erfolgreich. Danach folgte eine längere Phase des Ausdauersports, unter anderem mit der Teilnahme am Ironman in Roth und mehreren Marathonläufen (Bestzeit 03:15 Stunden). Weil es sich so ergeben hat, bin ich danach auf das Fahrrad umgestiegen und habe mich unter anderem auch für das Rad Rennen » Paris-Brest-Paris« über 1200 km qualifiziert. In dieser Zeit habe ich geheiratet, zwei Kinder groß gezogen (ein eigenes) und mich nach 12 Jahren getrennt. Laufen war schon immer ein Hobby von mir.

Das habe ich nach dem Radfahren wieder in Angriff genommen und auf der Kurzstrecke über 10 Kilometer ausgeübt. Und damit bin ich in Schleswig-Holstein in meiner Altersklasse auch noch gut dabei. Aber nur noch bei Straßenläufen, keine Meisterschaften. 2012 habe ich Anne kennengelernt und bin mit ihr seit 2018 glücklich verheiratet und seit 2020 wieder Hausbesitzer. Neben der Familie und der Arbeit ist mein Leben mehr oder weniger vom Sport und ein bisschen vom um die Welt Reisen geprägt.

Ich hatte nie Probleme mit der Gesundheit oder war körperlich angeschlagen, stand immer mitten im Leben und das Leben mitten in mir. Es war sozusagen eine Win-win- Situation. Und dann kam das Jahr 2018!

Und nun wünsche ich euch viel Spaß beim Lesen.

Die Lebensspanne ist die selbe, ob man sie lachend
oder weinend verbringt.

Konfuzius (um 500 v. Chr.)

Wie es begann

Am Anfang waren die leichten und sanften Schmerzen, die penetrant einen rechteckigen Fleck in meinem Hinterkopf bearbeiteten. Das war so um die Jahreswende 2017-18.

Meine Anfangsvermutung war in der ersten Zeit, dass ich diese neuen Plagegeister vom Tauchen rund um die Malediven mitgebracht hatte. Nach einem Tauchgang hatte ich Probleme bei der »Entwässerung« eines Ohres. Ich bin auf einem Bein gehüpft wie ein junges Reh, aber es war nichts zu machen. Das Wasser wollte nicht seinen Gang nach draußen antreten. Aber irgendwann war dieses komische Gefühl weg und ich habe nicht mehr daran gedacht.

Da ich nicht so der Typ bin, der bei jedem kleinen »Wehwehchen« zum Arzt läuft, habe ich es erst mal mit den leichten Schmerzen ausgehalten. Immer nach dem Motto: Es wird schon irgendwann besser! Denn diese Schmerzen waren ja erst mal nicht so schlimm.

Tagsüber während der Arbeit waren sie gar nicht da. Da hatte ich wahrscheinlich genug um die Ohren. Aber nachts, während der Ruhephasen, kamen sie aus den versteckten Winkeln meines kleinen Kopfes um mich zu ärgern. Es war eine punktuelle Stelle hinter meinem Ohr, wenn ich es beschreiben müsste, würde ich sagen, ein daumennagel großer Punkt. Immer an der selben Stelle und immer ein Stechen wie mit einer Stecknadel in die Haut. So ungefähr fühlte sich das an. Anne bekam in dieser Zeit auch mit, dass mich etwas Schmerzhaftes in meinem Kopf plagte, ich solle doch zum Arzt, Nachschauen ist ja kein Beinbruch, war ihr Kommentar dazu. Ich hielt nicht viel davon, weil es ja noch nicht so schmerzhaft war, es ging ja immer noch. Damit ich besser schlafen kann, solle ich doch wenigstens Schmerztabletten nehmen, und das ging für mich gar nicht. Damit stehe ich auch heute noch total auf Kriegsfuß. In meinem Haushalt gab es noch nie Tabletten.

Im Notfall, bei akuten Entzündungen, habe ich natürlich begleitend kurzfristig Tabletten genommen. Aber das war dann die absolute Ausnahme. So auf Vorrat zu Hause für den Fall der Fälle gab es für mich nicht, und wird es auch nicht geben. Ich habe da mein Hausmittelchen, Propolis -Tinktur hat mir immer geholfen und von der Heilkraft dieser Tinktur bin ich fest überzeugt. Sie ist für fast alle Blessuren anwendbar, nur gegen Kopfschmerzen leider unbrauchbar. Da stand ich dann mit meinem Talent und wusste nicht so recht weiter. Ich hielt es einfach immer noch aus.

Irgendwie wurde es über die Monate nicht besser, eher noch viel, viel schlimmer und im Mai jagte mich Anne dann zum Hausarzt. Sie hatte endgültig die Geduld verloren, es war ja auch nicht mehr auszuhalten mit meinem Gejammere. Er stellte auch sofort eine Mittelohrentzündung und Angina fest. Also alles palletti und alle zufrieden. Zwei Tage Antibiotikum und die Schmerzen wären erledigt. Waren sie aber nicht, denn die Schmerzen wurden nicht weniger, sondern eher mehr. Noch musste ich mich aber in Geduld üben, denn alles braucht seine Zeit und mein Arzt meinte, dass die Lymphknoten immer noch am Arbeiten seien und ich mir deshalb keine Sorgen machen müsste. Ende Juni wurde es aber immer schlimmer mit den Schmerzen und dann ging es Schlag auf Schlag. Mein Hausarzt hatte eine Vermutung und ich bekam eine Überweisung zum HNO-Spezialisten. Dieser HNO-Spezialist hatte nach einer kurzen Untersuchung eine klare Diagnose: da sei etwas in meinem Kopf, was überhaupt nicht dort reingehörte. Jetzt ging es nur noch um gut oder böse und das müsste im Krankenhaus geklärt werden. Alle weiteren Untersuchungen wollte er in die Wege leiten.

Drei Tage darauf hatte ich schon einen Untersuchungstermin im Krankenhaus und Anne wurde bei dieser kurzen Wartezeit schon ganz besorgt. Denn diese Termine sind sehr rar und normalerweise nicht in dieser kurzen Zeitspanne zu bekommen. Da musste wohl etwas bei mir gewachsen sein, was keinen guten Hintergrund hatte. Bei der Untersuchung im Krankenhaus und dem anschließenden Gespräch stellte sich dann heraus, dass über dem Lymphknoten und im hinteren Zungenbereich ein Tumor gewachsen war. Und so wie er sich darstellte, war es ein bösartiger.

Um hundertprozentig zu klären, welcher Typ es war, müsste eine Gewebeprobe entnommen werden. Aber es sei auf keinen Fall gutartig. Das waren die Fakten und die galt es jetzt zu sortieren, zu ordnen und irgendwie zu verstehen.

Es war ja nicht so, dass ich mich in den letzten Tagen nicht mit solchen Gedanken beschäftigt hatte. Aber wenn es erst mal ausgesprochen ist, ist es schon etwas anderes. Der mich behandelnde HNO- Arzt hat es in meinen Augen ganz wunderbar gemacht und war mir von Anfang an sympathisch, was alles wesentlich erleichtert hat. Ich war weder verzweifelt, noch bin ich zusammengebrochen oder habe irgendwie jammernd und jaulend dagesessen. Es war jetzt ausgesprochen und nicht mehr dieses »vielleicht« oder »könnte doch« und Ähnliches. Ich hatte Krebs. Damit ging aber die Welt nicht unter, jedenfalls nicht für mich. Mein Leben ging weiter, zwar erst mal unter erschwerten Bedingungen, aber es ging weiter. Jetzt kam es auf die Bekämpfung dieses »Gastes« an, und alles andere war nebensächlich. Ich war innerlich total ruhig und unaufgeregt und mein HNO- Arzt hatte ein solches Gespräch auch noch nie in dieser »Ruhe« geführt. Meistens waren die Patienten aufgewühlt und verzweifelt. Das Einzige, was mich ein wenig traurig machte, war, dass wir unseren Jahresurlaub nach

Madagaskar verschieben mussten. Aber wie gesagt, das waren die kleinen Nebensächlichkeiten.

Die Frage stellte sich, wie dieser Tumor entfernt werden konnte. Eine Operation kam für mich nicht infrage weil der Tumor ungünstig lag und schwierig zu entfernen war. Unter anderem hätten sie meinen Kiefer gespalten, um an dieses »Ding« herankommen zu können. Es gibt viele Nervenbahnen und Muskeln in dem Bereich, die ganz vorsichtig umgangen werden mussten. Auch wären Komplikationen während der OP nicht ganz auszuschließen.

Also kam für mich nur Chemotherapie und Bestrahlung infrage. Dazu dann aber später.

Ich wurde oft gefragt, woher ich diese Ruhe und Gelassenheit habe. Denn Krebs ist ja nun mal nicht eben so etwas, was man einfach wieder abschütteln kann.

In den vergangenen Jahren bereiste ich Nepal, Indien und Myanmar und war dort über längere Zeit mit mir und der Natur allein. Zum Anfang war es für mich schwierig, einfach so ohne andere Menschen oder große Abwechslungen (außer der tollen Natur) die Zeit »totzuschlagen«. Aber das hat sich nach und nach gegeben und es wurde dann eine Reise zu mir selbst. Viele Sachen, die mir sonst durch den Kopf gegangen sind (was alles noch kommt, Probleme zu Hause …), waren dann nicht mehr wichtig. Nur noch das hier und jetzt, ein Schritt nach dem anderen und das meistens in grandioser Umgebung. Das war für mich ein langsamer Prozess, der wahrscheinlich auch heute noch nicht zu Ende ist. Dieses immer wieder zur Ruhe kommen, den inneren Frieden finden. Zum Beispiel bei unserem (Annes und meinem) Reiturlaub in der Mongolei. Da sind wir tagelang durch die innere Mongolei geritten und haben keine Menschenseele getroffen, nur unsere Pferde, unsere Guides und natürlich diese grandiose Landschaft. Da habe ich zum ersten Mal in meinem Leben die Zeit und Muße gehabt, den Wolken am Himmel beim Wachsen zuzusehen.

Einfach stundenlang auf dem Rücken im Gras gelegen und in den Himmel gesehen. Das ist so interessant und entspannend, verrückt! So simpel und doch im »normalen« Leben selten realisierbar. Wann nehme ich mir zu Hause die Zeit um zwei bis drei Stunden tagsüber in den Himmel zu gucken?

Auf meinen Reisen durch die Welt habe ich auch Menschen kennengelernt, die zufrieden mit sich waren, obwohl sie arm oder krank oder alleine und verlassen waren. Vor allem im asiatischen Raum traf ich viele davon. Während meiner Zeit bei den Mönchen in den Klostern in Myanmar sah ich oft, wie das Leben sehr spartanisch und zufriedenstellend sein kann. Das hat mich sehr beeindruckt und auch über die Jahre hinweg beeinflusst.

Ganz viele Menschen sind selbstlos, sie geben alles, obwohl sie nichts haben. Im wahrsten Sinne des Wortes. Sie leben im Hier und Jetzt, was morgen kommen wird weiß keiner und was gestern war ist vorbei.

Und das ist, glaube ich, von großem Vorteil. Dieses Zufriedensein im Hier und Jetzt und nicht schon wieder Tage und Wochen vorauszudenken. Dass das sehr schwierig für viele Menschen ist, erlebe ich jeden Tag. Bei mir klappt das oft ganz gut, deshalb bin ich auch sehr oft mit mir im Reinen (zumindest denke ich das). Vor allem glaube ich auch, dass es ganz stark damit zusammenhängt, dass ich viele Sachen gemacht habe und nicht immer vor mir her geschoben habe. Wenn ich etwas wollte (reisen, etwas erleben, Wettkämpfe …), habe ich mein Bestes gegeben, um dies auch zu erreichen. Seit einiger Zeit ist es so, dass ich mir sage: »Was jetzt noch kommt, ist alles Zugabe zu meinem Leben.« Ich muss nicht mehr unbedingt und bedingungslos etwas erreichen oder machen wollen. Und das ist sehr sehr schön, ein wunderbares Gefühl der Leichtigkeit in meinem Leben.

Und deshalb ist der Tumor eine kleine, nicht so schöne Randerscheinung in meinem Leben. Ich wusste von Anfang an, dass er keine Chance haben würde. Dieses Gefühl oder dieser Glaube an meine innerliche Kraft war so groß, dass ich nie Zweifel hatte.

Tja, und dann ging es los. Ich wollte mich nicht verstecken und habe es jedem, der mit mir zu tun hatte erzählt. Ohne Ausnahme war als erste Reaktion die Bestürzung und Verzweiflung in den Gesichtern zu sehen. Krebs hat bei vielen den Ruf, unheilbar zu sein, also ist eine Krebsdiagnose so gut wie immer mit dem Tod verknüpft. Bei mir war es ja nicht so und trotzdem war es schwierig für mich, meinem Gegenüber begreiflich zu machen, dass ich nur kurz aus der Bahn geworfen werde und danach alles wieder weiter geht.

Schlimm war das für mich, weil ich mit ansehen musste, wie mir sehr nahe stehende Menschen mehr litten als ich selbst. Das artete dann in kuriosen Situationen aus, in denen ich als Kranker den Gesunden Mut machte. Sie konnten ja ohnehin nichts ändern, nur mich unterstützen. Und das funktioniert am besten, wenn es ihnen nicht schlecht ging wegen mir. Ich hatte ja keine körperlichen Gebrechen oder Einschränkungen, außer dieser permanenten, widerlichen punktuellen Schmerzen im Hinterkopf. Natürlich habe ich auch über den Tod nachgedacht. Ich bin ja nicht aus Eisen oder unsterblich. Aber der Tod hat für mich nichts Fürchterliches oder Negatives. Es gibt immer ein Ende, für alles und jeden. Lassen wir mal das Universum außen vor! Auch ich werde einmal nicht mehr sein, aber dann ist es so und basta. Nur ist jetzt die Zeit noch nicht gekommen, der Tumor ist kein Grund, dass ich den Löffel abgebe. Ich habe ja schon ein paar Zeilen vorher gesagt, dass ich mit meinem Leben völlig zufrieden war und dass jeder Tag eine Zugabe ist, die ich genießen wollte. Aber so lange ich fit wie ein Turnschuh war, würde ich mich ins Leben stürzen und Gevatter Tod würde in die Röhre gucken. Mein Wunsch wäre es, mit 100 Jahren auf meinem Pferd durch die Landschaft zu reiten und während des Ausritts holt er mich ab. Das liegt aber nicht in meiner Hand.

Der Sommer 2018 war ein wunderbarer Sommer mit viel Sonne und hohen Temperaturen. Da ich krank geschrieben war, genoss ich die Tage in vollen Zügen, bevor ich ins Krankenhaus zu der Operation musste. Bei den Vorgesprächen ging es auch um die Nebenwirkungen während der Behandlung, unter anderem auch, dass es Schwierigkeiten mit der Nahrungsaufnahme geben könnte. Also war der Vorschlag der Ärzte, eine Magensonde durch die Bauchdecke zu legen. Durch diese Sonde sollte ich dann mit Hilfe einer ziemlich großen Spritze mit flüssiger Energienahrung verpflegt werden. Ich wollte das nicht, weil ich der festen Überzeugung war, dass ich das nicht bräuchte. So schlimm würde es nicht werden. Aber lange Rede, kurzer Sinn, ich habe mich dann »überzeugen« lassen und es war beschlossene Sache. Wenn es während der Strahlenbehandlung nötig geworden wäre, eine Magensonde zu setzen, hätte die ganze Strahlen- und Chemotherapie unterbrochen werden müssen, und das gab somit den Ausschlag. Es wäre gut, wenn sie da wäre (für den Notfall), schlecht für den Verlauf, wenn sie nicht da wäre, aber noch besser für mich, wenn ich sie nicht brauchen würde.

Bewältige eine Schwierigkeit und du hältst einhundert andere von dir fern.

Konfuzius (um 500 v. Chr.)

Im Krankenhaus

Dann kam der Tag, an dem ich ins Krankenhaus musste, um die Gewebeprobe und die Magensonden-OP durchführen zu lassen. Es ging also los, alles andere war bis jetzt nur Vorgeplänkel. Mein bisher einziger Krankenhausaufenthalt war 1985, mit einer Beinverletzung nach einem Autounfall in Hannover. Ja, was soll ich sagen, ich bin kein »Krankenhaustyp«. Ich sehe dieses Objekt wie so viele lieber von außen als von innen. Aber es musste sein, ich hatte den Kampf gegen den Tumor aufgenommen und legte noch eine Schippe drauf. Der Tumor hatte keine Chance und wenn ich auch dafür ins Krankenhaus musste. Ich machte mir selbst richtig Mut, denn so eine Operation ist ja auch ein massiver Eingriff ins Leben. Mit Vollnarkose und einer Stunde den Händen fremder Menschen ausgeliefert zu sein. Danach aufwachen und so einen komischen Schlauch aus deinem Bauch baumeln sehen. Also nett und gemütlich ist ganz was anderes und optisch »unter aller Kanone«. Und das zu der Jahreszeit, also diesen Sommer werde ich wahrscheinlich total vergessen können, dachte ich mir. Nix da mit am Strand liegen und ins Wasser springen, wo ich schon nicht Urlaub machen kann. Also wie es so schön international heißt – niente-nada- nothing- njet-!

Diese Magensonde (PEG) besteht aus einem Schlauch, an dessem inneren Ende ein Ballon befestigt ist, der mit destilliertem Wasser aufgefüllt wird, damit der Schlauch nicht aus dem Bauch rutscht. Außen wurde der Schlauch mit Pflastern fixiert und gehalten (siehe Foto Seite 32). Am äußeren Ende sind zwei Adapter befestigt, einer zum Füllen und Entleeren des Ballons und einer für die Nahrungsaufnahme. Jeden Morgen musste der Schlauch gespült werden, damit das innere Ende nicht verstopft. Und einmal in der Woche musste der Ballon entleert und wieder gefüllt werden. Und natürlich musste das Ganze jeden Tag äußerlich gesäubert werden. Tja, das war von einem Tag zum Nächsten meine Aufgabe. Ach so, zum Duschen musste der Bauchraum großzügig vor Nässe geschützt werden.

Die Bestrahlung und Chemotherapie war für mich keine große Sache, weil erst mal keine Schädigung meines Körpers zu erwarten war (habe ich damals irrtümlicherweise geglaubt). Aber so ein Loch in meinem Bauch aus dem ein Schlauch herausguckt, das war für mich schlimmer als alles zu vor in meinem Leben. Ich konnte mir nicht vorstellen, dass dort etwas Fremdes aus meinem Körper herauskommt. Wie so ein Alien in diversen Filmen. Das war nix für mich und innerlich stand ich zum Anfang ziemlich auf Kriegsfuß mit diesem »Gebaumel« an meinem Bauch. Ich konnte damit nichts anfangen, es ansehen oder berühren schon gar nicht. Zum Anfang hatte ich mit dem Ganzen riesige Probleme, das war einfach zu viel Medizin für mich und ich musste den Schwestern ganz vorsichtig über die Schulter gucken , wenn sie da rumfummelten. Aber nach einer knappen Woche hatte ich meine Scheu überwunden und danach war es dann tägliche Routine.

Die Tage im Krankenhaus waren für mich wie zu erwarten nicht schön. Die Gewebeentnahme und dann die OP für die Magensonde waren komplikationslos verlaufen, aber das Drumherum war für mich sehr sehr schwierig. Von Kindheit an konnte ich mich nie an das Impfen oder Blutabnehmen gewöhnen. Mir wurde dabei immer schlecht. Das hatte sich bis jetzt nicht geändert. Im Krankenhaus war es an der Tagesordnung, ich wurde gefühlte 100.000 Mal gestochen und gepiekst. Und jedes Mal musste ich mich hinlegen, bekam Schnappatmung und wurde durch die freundlichen Schwestern wieder aufgepäppelt. Meine Arme sahen aus wie von einem Drogenjunkie, total zerstochen. Das waren aber Kollateralschäden, wie der Fachmann so sagt. Dabei war es auch eine Frage der Technik beim Anstechen der Vene. Der eine konnte es weil 100.000 mal gemacht, der andere probierte und feilte noch ein wenig an seiner Technik.

So ähnlich wie beim Sport, denn beim Speerwerfen ist es ganz klar, dass 70 Prozent Technik und der Rest Schnellkraft ist. Wenn du die Technik gut kannst, bist du vorne mit dabei.

Hier im Norden gibt es jedes Jahr ein Schwimmwettkampf von Dänemark nach Glücksburg über die Ostsee. Das nennt sich Fördecrossing und ist circa drei Kilometer lang. Ich habe drei Mal teilgenommen und jedes mal war es heftig. Leider hatte ich nie so richtig Glück mit dem Wetter, immer war es leicht windig, das heißt, die See war kabbelig. Vom Land her sieht es völlig moderat aus, aber im Wasser sind 20 bis 30 Zentimeter hohe Wellen schon ganz schön hoch. Ich habe mich meistens an den Füssen meines Vordermanns orientiert und bin ihm quasi hinterhergeschwommen. Wenn er schneller wurde, habe ich mir den nächsten gesucht, weil die Markierungsbojen schlecht zu erkennen waren. Im Ziel war ich meistens im gesunden Mittelfeld. Das einzige was mich immer gewurmt hat, war, dass es einige Schwimmer gab, die viel korpulenter als ich und trotzdem schneller waren.

Wenn wir nebeneinander am Start standen, war es für mich überhaupt keine Frage. Natürlich würde ich vor diesen »Untrainierten« im Ziel sein. Aber Pustekuchen, die waren nicht nur ein bisschen schneller, ich war ganz schön lahm ihnen gegenüber. Da kommt das wichtigste, nämlich die Technik ins Spiel, ich schwimme grundsätzlich mit Kraft und Ausdauer. An der Technik wollte ich nicht feilen. Keine Lust, anderes war wichtiger. Mein Gedanke war und ist auch noch, Ausdauer und Kraft bringen mich im Wasser nach vorne. Das stimmt im gewissen Maße auch, aber bis zur Spitze reicht es nicht. Also werden die Männer und Frauen, die für mich so untrainiert aussehen, mich immer wieder alt aussehen lassen, dank ihrer besseren Technik im Wasser. Nun gut, das Leben ist noch lang, vielleicht trainiere ich ja noch mal Schwimmtechnik und damit schließt sich wieder der Kreis zur Technik beim Pieksen zum Blutabnehmen.

Die Ergebnisse der Gewebeentnahme waren so wie die Ärzte es sich im Vorfeld schon gedacht hatten, nun aber mit hundertprozentiger Sicherheit. Ein Zungengrundkarzinom im linken Bereich zwischen Ohr, Hals und Rachen. So gab es ab diesem Bescheid grünes Licht für die Bekämpfung dieses Tumors. Er hatte die Form eines Hühnereis, und war circa 6 Zentimeter lang und 3,5 Zentimeter im Durchmesser (gut zu sehen auf dem Coverfoto, der Tumor ist der rote Fleck). Ich habe mich immer gefragt, woher er sich den Platz genommen hat. Ich habe doch gar nicht so einen großen Kopf, geschweige denn so einen großen Rachenraum. Aber irgendwie hat er sich ja seinen Platz gesucht und wäre noch fleißig weiter gewachsen.

Damit war jetzt aber Schluss, denn es folgten diverse Gespräche (über Nebenwirkungen, Details der Anwendungen, spezielle Vorbereitungen …) mit den zuständigen Ärzten der Chemo- und Strahlentherapie sowie auch noch Gesichtsmaskenanpassungen für die Strahlentherapie. In meinem Fall haben die Ärzte nach einer internen Besprechung folgende Dosis festgelegt: über 33 Tage jeden Tag einmal eine Strahlentherapie und alle sieben Tage einmal eine Chemotherapie. Harter Tobak! Was ist das denn überhaupt?

Vorher hatte ich natürlich schon öfter davon gehört. Aber das ist dieses nicht ganz fundierte Wissen, mehr so dieses

»habe ich schon mal was darüber gelesen und so …«. Also zur Strahlentherapie habe ich jetzt Folgendes gefunden:

»**Strahlentherapie** (auch **Radiotherapie**)« ist die medizinische Anwendung von ionisierender Strahlung auf den Menschen und auf Tiere, um Krankheiten zu heilen oder deren Fortschreiten zu verzögern.

Als Strahlen werden vorwiegend Gammastrahlung, Röntgenstrahlung und Elektronenstrahlung verwendet. Die Strahlentherapie in Heilungsabsicht wird so konzipiert, dass sie den Tumor, der nicht selten aus 100 Milliarden Zellen besteht, bis zur letzten Zelle zerstört. Da sich einzelne Tumorzellen nicht mehr nachweisen lassen, erweist sich der tatsächliche Erfolg der Behandlung erst in den Monaten und Jahren danach«. Das habe ich von Wikipedia übernommen.

Bei der **Chemotherapie** wird ein flüssiger Wirkstoff intravenös in den Körper eingeführt. Dieser Wirkstoff wird anhand des Blutbildes jedes Mal neu hergestellt und bekämpft die Tumorzellen von innen. In Wikipedia war es mir zu kompliziert, das ist die einfache Version von mir.

Und plötzlich kamen von allen Seiten diese Informationen, was es da alles für Nebenwirkungen geben kann. Es ist auch wirklich unbeschreiblich, es tauchten immer mehr Menschen in meinem Dunstkreis auf, die Krebs hatten oder einen kannten, der Krebs hatte . Vorher war das nie Thema. Nun war es aber so, überall wo ich auftauchte, ging es irgendwann um Krebs und jeder konnte seine Geschichte dazu beitragen.

Ich bekam auch interessanten Lesestoff bzw. Anregungen zum Lesen von Büchern. Ein Buch hat mich dann derartig begeistert, das ich vieles aus dem Inhalt für mich übernommen habe (Dr. Strunz – *Das neue Antikrebs Programm*, 2012). Unter anderem eben auch laufen, laufen, laufen. Und was genauso wichtig ist, so viel wie möglich gesund (als ob wir das nicht schon die ganze Zeit getan haben) essen und Zucker vermeiden. Das ist so schwierig umzusetzen, im Supermarkt gibt es fast keine Nahrungsmitteln ohne Zucker. Das ist ein Kapitel für sich, meine Nahrungssuche nach Artikeln ohne oder mit wenig Zucker. Denn ich wollte mir nicht jeden Tag mein Essen aus 100 verschiedenen Zutaten zubereiten. Dafür hatte ich keine Energie und wegen des täglichen Krankenhausbesuches auch nicht die Zeit dafür. Vor allem war für mich klar, dass ich ganz viel selbst tun musste um für den Kampf gegen den Krebs gewappnet zu sein. Also nicht darauf warten, dass mir geholfen wird, sondern mir selbst helfen. Ich habe dann verschiedene Möglichkeiten abgewogen und bin zu dem Schluss gekommen, dass hochdosierte Vitamin-C-Infusionen und eine begleitende Behandlung bei einem Chinesischen Arzt (Traditionelle Chinesische Medizin) das Richtige für mich wären. Alles eine Sache der Organisation, es musste ja auch mit der Chemotherapie abgestimmt werden, denn beide Behandlungen durften nicht am selben Tag durchgeführt werden. Ich hatte ja auch nur zwei Arme zum Stechen, das wurde später auch zum Problem. Meine Venen zogen sich in den letzten Wochen der Behandlungen zurück und das Blutabnehmen wurde für mich nur noch zur Quälerei. Aber es musste sein, es führte kein Weg daran vorbei.

Ohne die Infusionen, so meine Überzeugung, hätte ich das nicht so gut überstanden. Die Chinesische Heilbehandlung war als begleitende Maßnahme gedacht. Da ging es nicht darum, gegen den Tumor zu kämpfen, sondern meinen Körper zu stärken, die inneren Kräfte zu mobilisieren, um gut kämpfen zu können. Einmal in der Woche bekam ich Akupunktur und einen speziell für mich gemixten Tee, den ich täglich trank. Diese beiden Behandlungen und das dreimalige Laufen pro Woche haben mir, so meine feste Überzeugung, in dieser kräfteraubenden Zeit besonders geholfen. Und natürlich meine Lebensgefährtin Anne, die dann in dieser Zeit meine Frau wurde.

Diese ganze Zeit bis zum Beginn der Therapie möchte ich so ein wenig vergleichen mit meinem Versuch, den 6.650 Meter hohen Mera Peak in Nepal zu besteigen. Jeder Tag hatte eine Überraschung für mich. Ganz zum Anfang wollte ich allein auf den Berg ohne Hilfe. Ich hatte alle Genehmigungen, Ausrüstung und Verpflegung. Dann ging's los auf dem Weg, den ich von der Wanderkarte ermittelt hatte. Aber nach drei Stunden blieb ich an einem »kleinen Bach« stecken. Er war durch den Niederschlag (Juli ist Monsunzeit) ziemlich breit, das Wasser war überall hüfthoch. Nach mehreren Versuchen gab ich auf und bin zum Ausgangspunkt nach Lukla zurückgekehrt. Dort organisierte ich mir einen Bergführer, der schon mehrmals auf dem Gipfel stand (das sagte er zumindest). So nahm die Tragödie ihren Anfang. Ich hatte schon nicht wenig Gepäck zu tragen, aber er wollte, dass ich auch noch einige Sachen von ihm trug. Also hatte ich dann ca. 25 bis 30 Kilogramm Gepäck auf dem Buckel und so ging es los. Ohne Gnade durch den Bach, das Gepäck irgendwie auf dem Kopf balanciert und bis zum Bauch im Wasser. Erst der Guide, dann ich mit einem Seil gesichert. Es ging sofort nur noch bergan, über einen Pass, der in 4.400 Meter Höhe lag. Der Bach war in 2.000 Meter Höhe, die nächsten sechs Stunden nur geradeaus berghoch ohne Umwege, nur mit kleinen Pausen. Das war heftig, unvorstellbar. Ich dachte, der Berg endet nie. Nie war die Passhöhe zu sehen, immer ging es noch höher. Aber irgendwann, nach einer quälend langen Zeit, standen wir oben, gingen aber sofort weiter denn wir mussten ja vor Einbruch der Dunkelheit unser Quartier für die Nacht aufschlagen. Ich bin abends einfach nur noch in den Schlafsack und gut war's. Im Nachhinein gesehen war das der schlimmste Teil der ganzen Strecke und die nächsten

Tage dadurch relativ einfach. Auf 5.250 Meter schlugen wir unser Basislager auf und wollten in zwei weiteren Tagen zum Gipfel. Jetzt ging es nur noch über Schnee und Eis. Weil es ein wenig neblig wurde, kamen wir nicht so zügig voran, sondern suchten immer wieder Anhaltspunkte des Weges zum Gipfel. Es kam, wie es kommen musste, mein Guide hatte sich verlaufen und wir übernachteten irgendwo in 5.950 Meter Höhe. In der Nacht fiel noch Schnee, so dass am Morgen alles wie frisch gepudert aussah. Die Wolken und der Nebel waren verschwunden, nun konnten wir sehen, wie sehr wir uns verfranst hatten (siehe Foto Seite 108).

Da war ich noch optimistisch und guter Dinge. Aber nachdem wir drei Stunden lang immer irgendwelchen Gletscherspalten ausweichen mussten, und es nicht besser, sondern nur noch schlimmer wurde, gab ich auf. Wir hätten vier Stunden absteigen und dann noch mal von vorn losgehen müssen, dazu noch eine weitere Nacht in der Höhe zubringen müssen. Das wollte ich nicht, ich war von meinem Guide maßlos enttäuscht. Körperlich war ich auch an der Grenze, vielleicht hätte ich noch etwas rausgekitzelt, aber den Weg nicht zu kennen hat mir psychisch die Kraft geraubt. Ich glaubte einfach nicht mehr an den Erfolg. Und somit war der Weg das Ziel. Wir sind dann schweigend zwei Tage abgestiegen und haben uns in Lukla getrennt und nie wieder gesehen. Ja, ja, das Leben kann schon manchmal knüppelhart sein. Ganz so ähnlich wie die ersten Wochen vor der Strahlen- und Chemotherapie, nur nicht in so einer Dramatik. Immer wieder gab es neue Erkenntnisse aus dem Krankenhaus.

Nach der Zahnuntersuchung, die vom Krankenhaus gefordert wurde (nur gesunde Zähne dürfen bestrahlt werden), stellte der Zahnarzt fest, dass vier Zähne entfernt werden müssten. Darauf komme ich später noch zu sprechen.

Danach musste noch eine Maske angefertigt werden und noch mal Blut abgenommen werden. Eine extra Zahnschiene für die Bestrahlung wurde angefertigt und, und, und. Es verging fast kein Tag, an dem nicht noch eine Überraschung in irgendeiner Form daherkam.

Zur Maske möchte ich sagen, dass das ein ganz schöner Aufwand war. Sie ist notwendig, weil ich mich während der Bestrahlung nicht bewegen durfte. Das Strahlengerät wurde millimetergenau eingestellt und erlaubte keine Abweichung. Der Tumor musste ja zentral getroffen werden. Mir wurde über Gesicht und Schultern ein Gittergerüst aus Kunststoff gelegt. Dieses wurde im warmen Zustand vorsichtig an meine Haut gepresst. Nach der Abkühlung lag diese Gitterstruktur passgenau an meinem Körper. Nur der Bereich von Mund und Nase blieb frei. Alles andere war mehr oder weniger bedeckt. Auf der Rückseite dieser Maske waren Befestigungspunkte angebracht, sodass ich mich auf der Liege während der Bestrahlung keinen Millimeter bewegen konnte. Und das war wirklich so, null Chance auf Bewegung, nur atmen konnte ich über einen kleinen »Trichter« im Mund. Auf dem Foto (siehe Foto Seite 31) ist ein blauer Kreis zu sehen, das war der zentrale Punkt der Strahlung.

In der Zeit bis zum Beginn der Behandlung war mein Leben normal. Wir bekamen Besuch von Freunden und Bekannten und gingen auch zu Feierlichkeiten, also weitestgehend alles so wie immer. Unter anderem war auch mein Bruder für ein Wochenende zu Besuch (aus dem fernen Lahr im Schwarzwald). Als wir vom Einkaufen nach Hause kamen und die Sachen in die Wohnung tragen wollten (wir wohnten im 2. Stock), nahm er mir alles aus der Hand und sagte so etwas wie: »Ich sollte mich schonen, ich wäre ja krank«!! Ich dann so locker wie ich war: »Hey, mir fehlt kein Arm, ich hab nur Krebs!« Erst guckte er ein wenig verdattert, aber danach haben wir beide gelacht. Und diesen Spruch habe ich in abgewandelter Form dann öfter gesagt, ganz zum Leidwesen von Anne. Ihr war es manchmal peinlich, denn für viele war und ist Krebs eine sehr schwere, nicht auf die leichte Schulter zu nehmende Krankheit. Aber ich fühlte mich nicht richtig krank, ich hatte ja nur diese permanenten Kopfschmerzen. Aber so doof das jetzt klingt, irgendwie hatte ich mich an sie gewöhnt. Sie waren halt da und wurden nicht geringer, weil ich die Schmerzmittel, die ich verschrieben bekommen habe, nicht nahm. Ich glaube schon, dass ich manchmal die Menschen mit meiner Art, wie ich mit dem Krebs umging, vor den Kopf gestoßen habe. Aber es war nicht schlimm für mich und das strahlte ich auch aus.

Natürlich habe ich mich immer wieder gefragt, wieso oder warum ich diesen Tumor bekam. Auch bei den Ärzten sprach ich dieses Thema immer wieder an. Denn zu 95 Prozent ist ein Zungengrundkarzinom das Resultat von langjährigem Nikotingenuss, ich als Nichtraucher wäre also quasi so gut wie überhaupt nicht betroffen von dieser Art des Krebses. In meiner Jugend während der Disco und Kneipenbesuche und noch bis in die 2000er- Jahre war ich ja passiv Raucher, da war Rauchen noch überall erlaubt. Die einhellige Meinung der Ärzte war aber, dass dieses Passivrauchen zu vernachlässigen sei. Es standen auch andere minimale Möglichkeiten im Raum. Zum Beispiel Dämpfe von Lösungsmitteln oder bei der Holzbearbeitung anfallender Säge – oder Schleifstaub. Das waren aber nur Annahmen, keine fundierten Aussagen. Könnte sein oder auch nicht. Das half mir dann auch nicht weiter. In meiner Familie gab es auch keine Fälle mit dieser Krebsart. Also hatte ich immer noch keine Antwort auf die Frage. Dieses Rätsel wird wahrscheinlich nie gelöst werden.

Beginn der Behandlung

Sagenhafte vier Wochen nach der Gewebeentnahme ging es dann endlich los mit der Chemo- und Strahlentherapie. Ich hatte vorher nie eine richtige Vorstellung, wie das alles abläuft. Chemotherapie war für mich irgendwie mit Tabletten und Trinken verbunden.

Aber das war ja nun völlig anders, das hieß, Geduld haben, warten und mich immer wieder stechen lassen. Vor der Chemotherapie war immer das Allerschlimmste, dass mir Blut abgenommen wurde und die Kanüle gelegt und befestigt wurde. Das war für mich die Hölle schlechthin, ich habe innerlich Rotz und Wasser geheult, auch körperlich bin ich nicht nur einmal zusammengebrochen. Ich hatte niemals Schmerzen, darum geht es hier nicht. Ich wollte einfach nicht, dass in mir rumgestochen und etwas rausgenommen wird, was mir gehört. Oder überhaupt rumstechen. Ach, einfach nur furchtbar.

Wenn ich das überstanden hatte, konnte ich mich in das Patientenzimmer setzen oder legen und warten. Chemotherapie war für mich, Geduld haben und warten. Warten, bis die Salzlösung durchgelaufen ist. Geduld haben bis endlich die Infusionslösung von der Apotheke angeliefert wurde. Warten bis diese Lösung dann ganz gemächlich in mich hineingelaufen ist. Und danach wieder die Salzlösung als Nachspülung. Wenn alles optimal lief (von neun Mal war das einmal der Fall) war ich in dreieinhalb Stunden erlöst. Das Maximum waren knappe sieben Stunden, im Mittel waren es immer so um die fünf Stunden, die ich dann liegend verbracht habe. Im Patientenzimmer war ich ja nie allein, es lagen und saßen mit mir noch fünf Patienten, meist mit Begleitung. Und da gab es natürlich auch rege Kommunikation. Ich wollte eigentlich nur meine Ruhe und die Infusion. So bekam ich alle erdenklichen Leidensgeschichten mit und hatte selten meine Ruhe. Ein sehr guter Freund von mir schenkte mir tolle Kopfhörer, damit ich diese ganzen Gespräche nicht mehr hören musste. Aber das wäre ja so, wie den Teufel mit dem Beelzebub zu vertreiben. Ich dröhne mich doch nicht mit Musik oder Hörbüchern zu, damit ich die anderen Geräusche nicht hören muss. Also habe ich auch das ausgehalten. Ich hätte auch mit dieser Infusion spazieren gehen können, das Ganze befindet sich an so einem beweglichen Gestell. Aber erstens läuft die Infusion dann nicht so gut und zweitens wollte ich liegen und nicht spazieren gehen. Das ist Jammern auf sehr hohem Niveau, das musste ich mir sehr oft von meiner zukünftigen Frau anhören. Aber, meine Güte noch mal, warum soll ich mich denn quälen, wenn ich es einfacher haben könnte? Nun ja …. Diese Chemotherapie hatte bei mir keine größeren körperlichen Nebenwirkungen, zumindest glaube ich das. Am zweiten und dritten Tag danach war mir ein wenig »schwummerig« und ich war ein wenig lustlos.

Aber das war überschaubar und nicht schlimm.

Dieses geduldig sein und Warten möchte ich mit folgenden Episoden vergleichen. Als ich in Indien das erste Mal mit der Eisenbahn von Delhi nach Bhopal fuhr, habe ich mir im Vorfeld gedacht, lieber eine halbe Stunde eher am Bahnsteig sein, als meinem Zug hinterherzusehen. Also war ich überpünktlich am Bahnsteig und mit mir auch noch Hunderte andere Menschen. Als der Zug fünf Minuten nach der geplanten Abfahrt immer noch nicht da war, wurde ich unruhig und fragte mich, ob er doch schon so zeitig gefahren war (man kann ja nie wissen).

Nach einer viertel Stunde habe ich mir ein Herz gefasst und einen neben mir Wartenden gefragt. Er beruhigte mich, sagte ungefähr sowas wie, keine Angst er würde schon kommen.

Eine halbe Stunde später war er dann da und alle Befürchtungen lösten sich in Luft auf. Ein paar Jahre später war ich öfter mit dem Zug durch Indien unterwegs. Dann war es meistens so, dass eine halbe Stunde Verspätung für indische Verhältnisse fast überpünktlich war. Die Abfahrtszeiten waren nur eine grobe Voraussage, das hatte ich dann verstanden. Aber ich hatte mich daran gewöhnt und weil ich ja niemals alleine wartete, wusste ich dass er irgendwann kommt, mein Zug.

In Afrika ist es so ähnlich, aber auch wieder ganz anders. Da bin ich sehr oft mit dem Bus durch die Länder gefahren, weil es neben dem Auto die einzige Möglichkeit war, um von A nach B zu kommen. Die Abfahrtszeiten waren immer supergenau, aber alles andere war so lala. Ich bin meistens über Nacht gefahren, habe im Bus geschlafen und es war nicht so wichtig, ob ich pünktlich ankomme. Es war eigentlich nie wichtig. In Uganda fuhr ich von Entebbe nach Kabale (knappe 430 Kilometer). Geplant waren so um die sieben bis acht Stunden Fahrtzeit. Abends um 21 Uhr los und am sehr frühen Morgen sollten wir da sein. Jeder hatte seinen Sitzplatz, neben mir saß eine etwas füllige junge Frau mit ihrem zwei- bis dreijährigen Sohn auf dem Schoß. Soweit alles gut, die erste halbe Stunde beschäftigte sie sich mit dem Jungen und dann wurde es schon Schlafenszeit. Sie machte es sich bequem, das hieß auf Deutsch, sie rückte mir auf die Pelle. Und zwar massiv. Ich versuchte, gegenzuhalten, aber irgendwie war das Gewichtsverhältnis eins (ich) zu drei (sie) und ich stand auf verlorenem Posten. Nun ja, was soll's habe ich mir gedacht. Ist ja nicht für ewig, sondern nur für knappe sieben Stunden. Tja, und was soll ich sagen, der kleine Bursche wurde auch immer »größer« und wuchs in der Nacht immer mehr auf meinen Platz hinüber. Ich döste vor mich hin und ließ es über mich ergehen. Zum Schluss lag der kleine »Riese« auf meinem Schoß!!! Aber als ich dann gedacht habe, wir wären da, so gegen vier Uhr morgens, waren wir noch »Hunderte Kilometer« vom Ziel entfernt. Und dann wurde die Fahrt zur Geduldsprobe, nach elfeinhalb Stunden wurde ich dann erlöst. Die beiden neben und auf mir waren ausgeschlafen und verließen entspannt den Bus und ich sehnte mich nach einem Bett im Hotel. Also ist die Zeit so eine Sache, die sich manchmal äußerst dehnen kann. Und das kam mir im Krankenhaus zu gute, Geduld hatte ich schon vorher gelernt.

Seit der Gewebeentnahme hatte ich manchmal im hinteren Rachenraum so einen punktuellen Schmerz. Ich glaube sogar am oder beim Tumor. So ähnlich wie der originale Schmerz am Hinterkopf. Ganz, ganz fein und ziseliert an einer Stelle. Wie ein Stich mit einer Stecknadel. Das hört sich vielleicht merkwürdig an, aber so in etwa, wie wenn der Tumor mir sagen würde, das hast du davon, dass du an mir rumfummelst. Lass mich in Ruhe, dann tu ich dir nicht weh. So in etwa fühlte ich mich bei diesen Stichen. Weil sie unkontrolliert kamen und gingen. Mal waren sie nach dem Essen plötzlich da, dann wieder beim spazieren gehen. Manchmal einen Tag gar nicht, ich konnte sie also nicht »fassen«, das war das unberechenbare. Weil es ja einfacher gewesen wäre, wenn ich sagen könnte, ich mach dies und jenes nicht dann habe ich keine Stiche oder weniger davon. Aber so musste ich immer damit rechnen, das war belastend.

Vom ersten bis zum 14.Tag der Chemo- und der Strahlentherapie passierte mit mir gar nichts. Bis auf die zerstochenen Arme hatte ich keine Blessuren oder Nebenwirkungen. Alles ging seinen Gang, ich konnte essen, trinken, Sport machen ohne Probleme. Das Erste, was mir auffiel, war, dass die permanenten Kopfschmerzen langsam weniger wurden. Das war für mich in den Wochen vorher unvorstellbar gewesen.

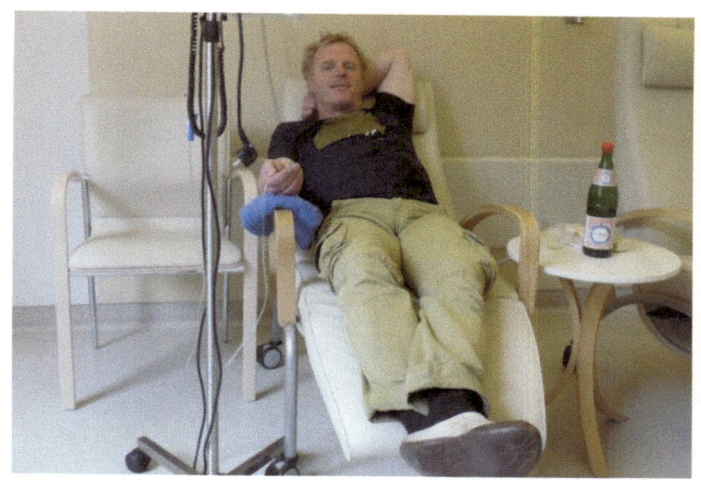

Während der Chemotherapie in meinem Liegesessel

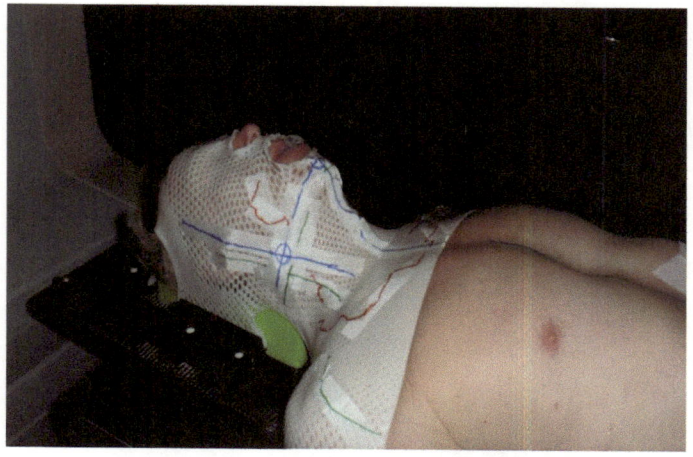

Auf der Bestrahlungsliege unter der Maske

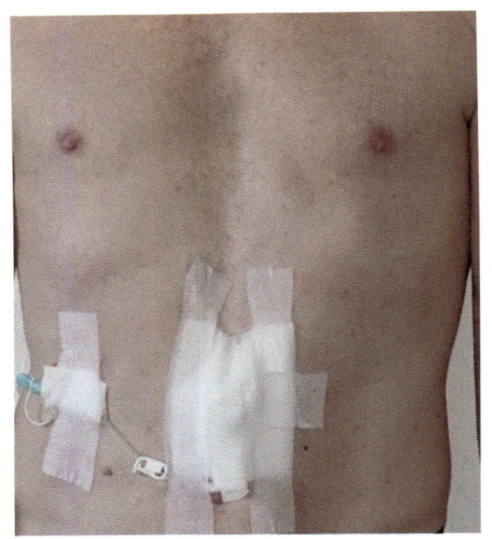

Die Magensonde (PEG)

Den Buff habe ich nur für das Foto nach unten gezogen ,
vom Ohr zur Nase alles bedeckt, egal wie warm es war

Die waren seit Monaten immer da und für mich nicht mehr wegzudenken. Und plötzlich kamen sie nur noch sporadisch. Was für ein wunderbares Gefühl! Aber dafür kamen jetzt langsam die Beschwerden mit dem Schlucken. Es fühlte sich an, als würde ich Sand im Mund haben oder grobes Sandpapier hinter der Zunge im Rachen hin- und herschieben. Langsam aber immer stärker werdend beim Essen und Trinken.

Zuerst waren nur die harten Lebensmittel betroffen, Kartoffeln oder frischer Salat und Müsli. Das verstärkte sich langsam immer mehr, sodass ich nur noch weiche oder weich gekochte Sachen essen konnte. Vor allem nur noch warme Sachen trinken, weil die kalten Getränke den Rachenraum noch mehr reizten. Trinken ist auch so eine Sache. Ich habe schon immer viel getrunken. Bedingt durch den Sport und anderen schweißtreibende Tätigkeiten. Ich komme also im Sommer immer so auf fünf bis sieben Liter Flüssigkeit am Tag. Im Winter ist es nicht ganz so viel, da bleibe ich um die fünf Liter. Jetzt, während der Chemotherapie, sollte ich noch mehr trinken, damit die Giftstoffe aus dem Körper gespült werden. Das war schon eine ziemliche Herausforderung. Der geneigte Leser dieser Lektüre kennt es doch, meistens sind doch schon zwei bis drei Liter Flüssigkeit (kein Alkohol) ein ziemlicher Batzen pro Tag! Und Wasser ist ja auch nicht so schmackhaft, aber was soll's? Der saure Apfel, in den ich während dieser Zeit beißen musste wurde nicht kleiner.

Heute ist der siebzehnte Tag der Strahlentherapie und somit ist die Hälfte geschafft. Leider hat diese Tatsache für mich ein faden Beigeschmack. Seit einigen Tagen ist eine positive Veränderung im Gesicht zu sehen und auch zu spüren. Der Tumor hat sich deutlich verkleinert, die erste Zeit hatte ich eine Beule an der linken Wangenseite, auch konnte ich die Zunge nur schwer bewegen. Das hatte sich insofern gebessert, dass weder was zu sehen, noch zu spüren war. Das beflügelte mich natürlich und mir ging es richtig gut. Bis auf die Tatsache, dass ich nichts schmecken konnte und auch kein normales Essen herunterbekam. Ich konnte nur Suppen essen und das literweise!! Das waren die Folgen der Strahlentherapie. Das Innere meines Gesichtes, der Rachenraum sozusagen, war total verbrannt von der Strahlung und wund wie rohes Fleisch. Das tat beim Essen weh, nur Getränke und Suppen waren möglich, beißen und schlucken nicht.

Mein Plan war, mit den zuständigen Ärzten über eine Reduzierung der Strahlen zu sprechen. Weil ich der Meinung war, dass der Tumor so weit zurück katapultiert wurde, dass er nicht mehr die volle Dröhnung brauchte, um total zerstört zu werden. Es sollte doch möglich sein, weitere Kollateralschäden zu vermeiden. Aber da stand ich alleine auf weiter Flur, die Oberärzte, mit denen ich redete, knallten mit ihrem Fachwissen auf mich ein und mein Plan zerplatzte. Fazit: Bei der Schulmedizin steht nicht der einzelne Mensch im Mittelpunkt sondern die Ergebnisse der Studien mit hunderten oder mehr Teilnehmern.

Da gibt es dann ein Mittelmaß und an diesem orientieren sich die Schulmediziner. Somit wird man dann jedem gerecht und alle werden gesund. Das war und ist auch noch heute ihre unerschütterliche Theorie. Der Einzelne, also ich als Individuum, bleibt auf der Strecke. Egal wie gut oder schlecht es mir geht. Es wurde das Programm durchgezogen, das von Anfang an mit mir besprochen wurde. Und das war in meinen Augen doch widersinnig. Die einzigen Parameter, die für die Chemo- und Strahlentherapie wichtig gewesen waren, waren die Größe und Art des Tumors und mein Körpergewicht. Darauf basierte das ganze Heilungsprogramm, so war mein Eindruck. Warum flossen denn da keine Hintergrundinformationen mit ein? Wie ist der Allgemeinzustand des Patienten, hat er einen starken seelischen Hintergrund, ist er körperlich fit, hat er auch ein sozial starkes Umfeld? Das zählt doch alles zum Patienten dazu, das konnte man doch nicht so vernachlässigen. Für mich stellte es sich so dar, dass außer der nackten Fakten (Größe und Gewicht, Art des Tumors) nichts relevant war.

Während der letzten Wochen lernte ich so einige Krebspatienten kennen, blieb ja nicht aus beim gemeinsamen Warten im Wartezimmer oder bei der stundenlangen Behandlung während der Chemotherapie. Einige von ihnen sah ich rauchend vor dem Krankenhaus. Ein totales NO-GO während einer Krebstherapie. Überall wurde darauf hingewiesen, in jedem Krebs Buch steht es, Rauchen und Alkohol sind während einer Behandlung sowieso Gift für den Körper. Aber jeder ist ja für sich selbst verantwortlich. Viele Patienten, die ich kennenlernte, waren nicht selbst aktiv, ließen alle Strahlen und Chemos über sich ergehen und ergaben sich ihrem Schicksal. Viel wurde gejammert über diverse Nebenwirkungen, wie schlimm alles war, und was sie nicht schon alles durchgemacht hatten. Aber Sport treiben oder gesund essen, kein Wort davon, weil es ihnen ja so schlecht geht. Und mit solchen Patienten sollte ich verglichen werden, das war der Maßstab an dem meine Behandlung gemessen wurde. Das konnte doch nicht sein, aber selbst diese drastischen Worte von mir erzielten bei den Gesprächen keine Wirkung. Das fühlte sich für mich dann so schlecht an, dass ich erwog, die Therapie dort abzubrechen. Dann kam unabhängig voneinander der Kommentar der Oberärzte, dass ich das jederzeit auf eigene Verantwortung ohne Weiterbehandlung im Krankenhaus tun könne. Auch diesbezüglich waren sie dann knüppelhart. Zu Deutsch, ich könnte gehen und mich dann nie wieder blicken lassen. Das war eine heftige Konsequenz, ich wollte ja nur eine Verringerung der Dosis für mich, mehr wollte ich doch nicht. Nichts zu machen, damit musste ich jetzt klarkommen. Ein Abbruch des Ganzen und in einer anderen Klinik neu anfangen, war ja auch ein unkalkulierbares Risiko. Da hätten alle Untersuchungen wieder durchgeführt werden müssen, um noch einmal mit einer Therapie zu beginnen. Das war doch alles Unfug. Vor allem kam dazu, dass die Krankenkasse sogar einen Riegel vorgeschoben hätte (keine weiteren Zahlungen leistet), weil ich den Abbruch selbst vorgenommen hätte. Fragen über Fragen und keine richtigen Antworten. Mit diesem Dilemma saß ich nun hier bei schönstem Sonnenschein und konnte das Wetter nicht genießen. Das Leben ist aber auch selten ein Ponyhof, war alles, was mir dazu einfiel.

Von Beginn der Strahlen -und Chemotherapie an hatte ich die Vorgabe von den Ärzten, dass ich Ansammlungen, Menschenmassen und Warteräume meiden solle. Ich war ja durch die Chemotherapie immungeschwächt. Das würde bei mir im Ernstfall bedeuten, dass mich ein kleiner Schnupfen quasi aus den Socken schmeißen würde. Das wäre fatal und das wollte ich vermeiden. Also immer schön in der Stadt einen leichten Bogen um Menschengruppen und im Shoppingcenter nicht so dicht ran an die lieben Mitbewohner unserer Erde. Aber da kam ja für mich dann noch ein kleines Problem dazu. Ich fuhr jeden Tag mit dem Bus zur Therapie. Das war optimal, die Haltestelle war direkt vor der Haustür und direkt vor dem Krankenhaus. Total einfach und für die Krankenkasse auch noch billig dazu, Taxi hätte ja das Zehnfache gekostet. Aber ich war meistens zum Unterrichtsbeginn der Schulen unterwegs, somit waren manchmal ziemlich viele Kinder im Bus. Da gab es auch schniefende Nasen und Husten und weiß der Teufel noch für Zipperlein. Und das verursachte mir manchmal Stress, weil ich mich fragte, wo atme ich am besten hin, ohne die ganzen »verseuchten« Bakterien von den Kindern einzuatmen? Hand vor den Mund und irgendwie

Richtung Fenster war dann mein Motto. Ich wollte nicht mit so einem Mundschutz durch die Gegend laufen. Ich fand das immer furchtbar, wenn die asiatischen Touristen in Hamburg, Frankfurt oder Berlin mit ihrem Mundschutz durch die Gegend laufen. So wollte ich (auch wenn es bei mir einen triftigen Grund gab) auf keinen Fall aussehen.

Ganz lustig für mich war ich bei meinem Hausarzt. Obwohl ich ja relativ gesund und munter aussah, durfte ich aber direkt vor der Behandlungstür auf einem separaten Stuhl Platz nehmen und warten.

Weil ich ja doch ziemlich oft dort war, es gab ja einiges zu klären und Formulare auszufüllen, wurde ich sofort immer mit meinem Namen angesprochen. Das war nett für meine doch geschundene Seele. Sonst musste ich mich erst vorstellen und mein Anliegen vorbringen. Und jetzt lasen sie mir fast alles von den Augen ab. Auch das wird wieder vergehen, aber es war für diese anstrengende Zeit hilfreich.

Allgemein kann ich heute (17. Tag der Strahlentherapie) zu mir sagen, dass ich körperlich gut drauf bin, keine Schmerzen oder Übelkeit oder sonstige Gebrechen habe. Ich bin vorhin die Fünf Kilometer Runde in knapp 25 Minuten gelaufen, also auch da gut dabei. Wobei ich erklären muss, dass bei Sonnenschein zu laufen ein Grauen für mich ist, weil ich ja das Gesicht verdecken muss. Alle Partien der Haut, die bestrahlt werden, sollen wenn möglich nicht der Sonne ausgesetzt werden. Sonst kann es schwere Reaktionen geben. Das will ich natürlich nicht, also laufe ich mit einem Buff, der komplett meinen Kopf umhüllt. Das sieht bescheuert aus und ich schwitze auch viel mehr als sonst unter dem Ding. Aber es hilft nun mal nichts. Und meine Laufstrecke hat es auch in sich, die ersten zwei Kilometer geht es bergab zum Wasser.

Dann ein bisschen am Wasser entlang und dann wieder zurück. Und das schlaucht enorm, knappe zwei Kilometer nur bergan. Aber da muss ich durch, es ist schön zu laufen und irgendwann wird es auch wieder schlechtes Wetter geben und ich brauche mich nicht mehr zu verhüllen. Und dieses Laufen ist jeden zweiten Tag angesagt, egal wie es mir geht. Aber so richtig schlecht ging es mir bis jetzt während der Behandlung nie. Zwischendurch nach den 10-Kilometer-Läufen (einmal in der Woche) hatte ich auch mal den Gedanken, nicht auf Zeit zu laufen, sondern nur gegen den Tumor. Aber irgendwie bin ich davon weg, ich will wieder jedes Mal Bestzeit laufen. Klappt nicht immer, aber ich versuche es. Ich will mich jedenfalls nicht unterkriegen lassen, so unverständlich die Ärzte auch in meinen Augen argumentieren.

Jetzt sind ein paar Tage ins Land gegangen, diese Woche ist rum und ich habe mir versprochen, endlich weiterzuschreiben.

Es gab einige Dinge bei der Strahlentherapie die ich nicht verstanden habe und auch nie verstehen werde. Zum Beispiel war es grundsätzlich so, dass die Patienten von den Ärzten oder Schwestern zwischen Tür und Angel auch im Beisein anderer Patienten auf irgendwelche Angelegenheiten ihrer Therapie angesprochen wurden. Wenn jemand schlechte Blutwerte hatte, wurde dies im Beisein aller anderen gesagt oder wenn er Fieber hatte oder andere völlig private Sachen. Meine Auseinandersetzungen fanden auch immer im Beisein aller anderen Patienten statt, das war einfach so, wurde immer so gemacht und bleibt so!

Am Mittwoch hatte ich vor dem Strahlentermin bereits im Warteraum ein heftiges Gespräch mit der zuständigen Strahlenärztin. Im Beisein zweier Patienten gipfelte dieses Gespräch dann darin, dass sie mir das Strahlen untersagte, weil ich ihr zu verstehen gab, dass ich mit der Behandlung so nicht mehr einverstanden bin und das dann in ihren Augen ohne mein Einverständnis Körperverletzung wäre. So saß ich dann auf dem Stuhl, wie ein kleines Balg, das irgendwelchen Blödsinn gemacht hatte. Sie ging weg, kam aber nach kurzer Zeit wieder und eröffnete mir, dass ich einen Termin mit der leitenden Stationsärztin hätte. Immer noch so mit dem Unterton, »dass hast du jetzt davon«, hab ich ja gesagt, dass das nach hinten losgeht. Nach ein paar Minuten kam eine junge, dynamische Frau durch die Tür, wedelte mit einem Ordner und sah mich an. Na, Herr Wiesner, dann wollen wir mal in mein Büro gehen. Zum ersten Mal kein Gespräch zwischen Tür und Angel und im Beisein anderer. In ihrem Büro schilderte ich ihr meine Sichtweise dieser Behandlung bzw. den Stand der Dinge, wie ich sie sah. Also kein Tumor mehr sichtbar und fühlbar und die Randerscheinungen waren auch nicht so schlimm, wie alle gesagt und erwartet hatten, also wäre eine weitere Behandlung wie bisher nicht mehr notwendig. Daraufhin legte sie mir ihre Sichtweise mit gut gewählten Worten sachlich und präzise dar. Es gibt Studien, das sind die Grundlagen der Schulmedizin, daran werde sie nicht rütteln. Ich würde nicht besonders behandelt werden, weil es dieser Grundlage widersprechen würde. In ihren Augen wäre das ein Experiment und das wäre inakzeptabel.

Dann kam ich wieder mit meinem Vorschlag, wenigstens einmal mit einem Ultraschallgerät nachzusehen. Das könne ja nicht so schlimm sein und danach könnte man noch mal zusammen entscheiden, wie es weitergeht. Mehr wollte ich doch nicht, nur nachsehen ob mein Gefühl richtig war. Da sah sie mir länger in die Augen und sagte: Okay wir gehen jetzt zur Computertomographie (CT), da wird eine Aufnahme gemacht. Wenn es wirklich sein sollte, dass der Tumor kleiner geworden ist, können wir über eine Veränderung der Bestrahlungsfläche reden. Mir kamen die Tränen in die Augen, ich hätte sie umarmen können (habe ich natürlich nicht), so nahe ging mir das. Tja, und dann ging alles ruck-zuck. Fünf Minuten später lag ich im CT-Raum und nach weiteren drei Minuten war alles erledigt. Dafür war ich vorher drei volle Tage so einem Stress ausgesetzt, mir ging es richtig schlecht. Und innerhalb von 30 Minuten war alles mit der richtigen Person am richtigen Ort erledigt worden. Nach-her bin ich immer schlauer, wieder etwas dazu gelernt. Am nächsten Tag hatten wir dann das Gespräch zu dem CT-Bild. Am PC erklärte sie mir den Tumor. Für einen Laien schlecht zu erkennen, nach ein paar Erklärungen und Mausklicks sah ich ihn dann auch. Er war über 50 Prozent geschrumpft, ich lag also total richtig mit meinem Gefühl.

Leider aber nicht in der Fläche, sondern in der Stärke. Er war also nicht mehr 3,5 Zentimeter stark, sondern nur noch knapp über fünf Millimeter, aber der äußere Umfang war nicht so stark zurückgegangen. Das war jetzt unsere Dis-kussionsgrundlage und ich habe ohne größere Widerstände eingesehen, dass die Bestrahlungstherapie fortgesetzt wer-den muss mit nur einigen kleineren Anpassungen. Denn die Oberfläche hat sich nicht signifikant geändert und darum ging es bei einer möglichen Veränderung der Bestrahlung. Ist es denn so schwer für die Schulmediziner, sich darüber auszutauschen und das aktuelle Stadium der Behandlung zu berücksichtigen? Ich komme jedenfalls zu dem Schluss, ja, für viele ist es ganz schwer. Das waren die schlimmsten Tage für mich. Dieses verzweifelte Anrennen gegen einen unbezwingbaren Berg. Ich habe sehr oft bittere Tränen ge-weint und mich gefragt: warum sind die Ärzte so furchtbar zu mir? Ich will doch nicht das Krankenhaus einreißen oder sie umbringen. Nein, nein, ich will doch nur gesund werden! Mehr nicht.

Während dieser Zeit kam im NDR-Fernsehen eine kleine Reportage über eine Uniklinik in Essen. Dort betreibt ein

Arzt ein Krankenhaus, dass Schulmedizin und Naturheilkunde verbindet. Das hat mich so fasziniert, dass ich am nächsten Tag eine Stunde lang mit dieser Klinik telefoniert habe, da ich von dem Programm überzeugt war. Aber leider haben sie dort nur Brustkrebspatientinnen zur Behandlung. Noch gibt es nicht genügend Kapazitäten, um noch andere Patienten aufnehmen zu können. Das war sehr schade für mich, denn in dem Fernsehbericht kam auch zur Sprache, dass diese Zusammenarbeit einmalig in Deutschland sei. So etwas müsste gefördert und unterstützt werden. Aber davon sind die Ärzte und auch die Krankenkassen noch Jahrhunderte entfernt.

Diese Woche (fünfte »Strahlen« Woche) war für mich jedenfalls ziemlich schwierig. Ich hatte große psychische Probleme mit den ganzen ablehnenden Haltungen. Ich kam mir immer vor wie ein gerade noch geduldeter Patient, nicht willkommen, aber rausschmeißen ging auch nicht so einfach. Weil ich seit einer Woche nur noch Suppe essen konnte, das andere ging einfach nicht mehr runter, verlor ich zwei bis drei Kilogramm an Körpergewicht. Das war nicht der Plan, denn für einen effektiven Kampf gegen den Tumor brauche ich eine Grundlage. Und ein nicht so fitter Körper war einfach schlecht für so einen Kampf. Also musste ich gestern nach Rücksprache mit dem zuständigen Spezialisten für künstliche Ernährung einsehen, dass es für mich kein Entrinnen gibt und ich in den sauren Apfel der »Astronautenkost« beißen musste. Nun ja, das Leben ... Das wird wohl noch ein paar Mal auf mich zukommen, dass ich gewisse Sachen einsehen oder umschmeißen muss. Ich wollte ja nie diesen chemischen Kram in mich hineinlassen, einen anderen Weg gab es aber zu der Zeit nicht, um nicht noch mehr an Gewicht zu verlieren.

Sehr oft dachte ich in diesen Tagen, wie ich das Essen in den verschiedenen Regionen dieser Erde genossen habe. Meistens habe ich ja während meiner Reisen auf den Straßen bei den Garküchen gegessen, so vielseitig, variabel und einfach nur lecker. Vor allem in Indien wird so genial und einfach gekocht. Sie haben so viele verschiedene Gewürze, mir läuft das Wasser im Munde zusammen, wenn ich nur daran denke. Ich fuhr mal mit einem Moped von Rishikesh aus in Richtung Himalaja, den Ganges hoch und dann rein ins Gebirge. Es gab keine großen Straßen, sondern mehr oder weniger breite Wanderwege. Was aber für den Inder kein Problem war, auch auf diesen Wegen mit einem Pkw zu fahren. Jedenfalls fuhr ich ein paar Stunden, dann war der Weg an einem Flussbett zu Ende. An diesem Flussbett schmiegte sich ein Dorf an den Hang. Und auch dort gab es Menschen, die für wen auch immer etwas gekocht haben oder am Kochen waren. Ich war weit und breit der Einzige Besucher dieser Einöde, aber mit großem Hunger. Ich habe die leckersten Gemüse-Variationen bekommen, frittiert, gebraten und mit Soße und was weiß ich nicht noch alles. Das war einfach unvorstellbar, was alles mit Gemüse möglich ist. Dazu diese verschiedensten Gewürze. Es war schön für mich, dass ich mich daran so ein wenig festhalten konnte, in dieser doch sehr kargen Zeit (was das Essen und Trinken betrifft).

Zwei Tage später war es mit meiner optimistischen Einstellung bezüglich meines Körpergewichtes vorbei. Ich schaffte es nicht, bei meinen optimalen 80 Kilogramm zu bleiben. Ich war bei 76 Kilogramm gelandet, obwohl ich ja Suppe und jetzt auch diese Spezialnahrung zu mir nahm. Immer noch zu wenig. Das war schon heftig, wenn mir die Waage ins Gesicht sprang und mich anschrie, hey, du wolltest aber nicht so weit runter!

Ein grober Schlag ins Kontor. Wenn eigentlich auch die 10-Kilometer-Runde dran war, beschloss ich nach dem Gewicht, nur 5 Kilometer zu laufen. Ich bekam ja die Kalorien, die ich brauchte, nicht zusammen, noch nicht, muss ich sagen. Denn ich könnte ja mehr von diesem Konzentrat in mich hineinspritzen, ich musste mich aber erst langsam steigern. Das ging also heute und morgen noch nicht. Das waren dann so die kleinen Unebenheiten auf meinem Weg zur Gesundung. Da musste ich durch.

Gestern gingen wir über den Wochenmarkt, das war für mich Albtraum und Genuss zugleich. Ein Albtraum, weil ich ja nichts davon essen und genießen konnte. Und ein Genuss, weil ich jetzt überdurchschnittlich gut riechen konnte. Ich habe volle Nasenzüge genommen und diese ganzen Früchte gerochen und diese tausenden verschiedenen Käsesorten und Fischarten und beim Griechen die verschiedenen Olivensorten. Das war soooo schön und ich freute mich schon, diese wieder mit der Zunge schmecken zu können. Auch so eine Sache, die ich vorher nie kannte und wahrscheinlich auch nicht verstanden hätte, wenn das Gespräch darauf gekommen wäre. Für mich war es eine Selbstverständlichkeit und meine Fähigkeit, alles zu schmecken, wurde von mir auch manchmal nachlässig behandelt.

Manches habe ich einfach so hinuntergeschlungen, weil die Zeit fehlte oder ich keine Lust hatte oder etwas anderes nebenbei »wichtiger« war. Es gab viele unsinnige Gründe dafür, das ist doch schade. Deshalb war auch diesbezüglich der Tumor eine Bereicherung in meinem Leben, er zeigte mir Sachen auf, die ich im Laufe meines Lebens manchmal stiefmütterlich behandelt habe. Wie immer gibt es überall zwei Seiten einer Medaille, es ist nicht alles grundschlecht. Obwohl es so scheint, als würde die nicht so schöne Seite überwiegen. Es ist halt so wie es ist, basta!

Jetzt bin ich in der vorletzten Woche der Therapie (28. Tag seit Beginn) und es hat sich wieder viel getan.

Ich habe eine Weile (ca. drei Wochen) nicht mehr geschrieben und es ist so viel passiert. Vieles war so schlimm, dass ich überhaupt keine Lust hatte, irgendetwas zu tun, geschweige denn, zu schreiben. Mein Gewicht wurde noch weniger in der sechsten Strahlungswoche. Ich »krebste« bei 75 Kilogramm rum und pfiff mir täglich fünf Flaschen á 500 Gramm Flüssignahrung hinein, nur um meine 75 Kilogramm zu halten. Mein Mund war für nichts mehr zu gebrauchen, innen war alles offen und wund. Und am schlimmsten war dieser Würgereiz. Ich musste wegen dem fehlenden Speichelfluss jeden Abend eine Zahnschiene tragen, die mit einer Fluorpaste gefüllt war. Dadurch bekamen die Zähne das Fluor, welches sie normalerweise durch den Speichel aufnahmen. Dieses Prozedere am Abend war ganz furchtbar, diese Paste roch unangenehm, ich musste sie auf diese Schiene aufbringen und dann über die Zähne stülpen. Da war dann der Würgereiz so groß, dass ich mehrmals alles wieder hochbrachte, was ich Stunden vorher mühselig durch die Magensonde aufgenommen hatte. Also benutzte ich die Schiene die letzten beiden Wochen nicht mehr. Selbst meine Zähne konnte ich nicht mehr putzen, jeder Fremdkörper in meinem Mund löste sofort diesen Reiz aus. Das färbte auch auf unsere Beziehung zu Hause ab, ich wurde schmallippig und mochte nicht mehr so vieles tun, was mich sonst so begeistern konnte, ließ ich links liegen. Es ging also alles ein wenig bergab!

Anne hat viel erduldet und alles Mögliche und Unmögliche für mich gemacht, sie war in dieser Zeit der Anker für mich. Aber auch die Person, auf der ich meinen ganzen leidigen »Mist« abladen konnte. Abends im Bett reichte der Gedanke an die Zahnschiene oder das Zähneputzen, da kam es mir manchmal schon hoch. Der Würgereiz war derartig stark, mit nichts zu vergleichen. Ich hatte nichts mehr im Bauch und krümmte mich vor Schmerzen. Nicht schön! Und Anne betüdelte mich dann immer und versuchte mit allen Mitteln, es mir so angenehm wie möglich zu machen. Und jeden Tag ging sie auch noch zur Arbeit! Meinen allergrößter Respekt und Dank dafür sei noch einmal ausgesprochen.

Keine Straße ist zu lang mit einem Freund an der Seite.
Konfuzius (um 500 v. Chr.)

Und als ob das nicht schon genug war, hatte ich ja noch das Krankenhaus am Kragen! Und immer noch das gleiche Spiel, jedes Mal musste ich kämpfen, wenn ich eine Kopie der Blutwerte haben wollte. Meine Fragen zur Therapie wurden locker beantwortet, wie immer zwischen Tür und Angel im Beisein der anderen Patienten. Am fünften Tag vor Therapieende, zufällig ein Freitag, kam dann noch mal so ein richtiger »Genickschlag« von der zuständigen Strahlenärztin. Gegen 19:15 Uhr rief sie mich zu Hause an und teilte mir mit, dass meine Blutwerte nicht so toll wären und ich mich mit dem Gedanken anfreunden sollte, dass, wenn sie sich nicht verbessern (die Blutwerte), die Therapie am Montag abgebrochen wird. Vier Tage vor Schluss! Ich fragte sie, was ich denn tun kann, um diese Werte zu verbessern. Ihre Antwort war sehr ernüchternd für mich, viel könne ich nicht tun. Nur bei Fieber sollte ich sofort ins Krankenhaus kommen, damit alle Eventualitäten und Komplikationen vor Ort behandelt werden könnten. Sonst nur essen trinken und ausruhen, tja, wenn das nicht aufbauend ist in so einer Situation? Danach war das Gespräch zu Ende und das ganze Wochenende im Mors. Was denken sich Ärzte eigentlich dabei? Ich weiß es nicht und werde es wohl nie erfahren, aber in so einer Situation einfach nur furchtbar für mich. Es ging um die weißen Blutkörperchen, die in meinem Blut immer weniger wurden, aber ganz wichtig sind für die Chemotherapie. Natürlich hat sie mit ihrer Nachricht Recht, aber was soll das am Freitagabend und wenn ich sowieso nichts ändern kann? Darum ging es mir. Das Wochenende war dann sehr durchwachsen und meiner Anne ging es auch immer schlechter, was ja kein Wunder war bei diesen ganzen Nachrichten. Was sie alles durchmachen musste wegen mir grenzte schon an Wahnsinn. Mal ganz ganz toll und Tage später dann das absolute Gegenteil, totaler Frust und Niedergeschlagenheit. Und am Montag kam dann nach dem furchtbaren Blutabnehmen die frohe Botschaft. Die weißen Blutkörperchen hatten sich berappelt und die Therapie ging – Gott sei Dank – weiter. Aber immer mit der Drohung, wenn die Blutwerte schlechter wurden, würde abgebrochen werden. Das war mir dann aber egal, auf die letzten beiden konnte ich auch verzichten. Montag und Dienstag waren ja gerettet.

Meine Unterarme waren in einem total desolaten Zustand. Dieses ganze Blutabnehmen hatte mich so »geschädigt«, mindestens genauso viel wie diese Strahlentherapie. Zumindest was meine Psyche anging. Ich hatte zum Schluss so schlechte Venen, dass sie zwei bis drei Mal versuchten, irgendetwas zu finden, was sie noch anzapfen konnten. Und das bei mir, wo ich doch sowieso diese Prozedur als das Schlimmste überhaupt empfand. Ich habe jedes Mal gezittert und gebangt und nur immer auf eine nette Schwester gehofft, die mich verstand und das Ganze für mich erträglich gestaltete.

Ich hatte ja viel Zeit zum Nachdenken und Überlegen während dieser Wochen der Behandlung. Und sehr oft habe ich über das Blutabnehmens gegrübelt. Warum erfinden nicht irgendwelche hochintelligenten Mediziner ein Verfahren, das ein kontaktloses Blutabnehmen ermöglicht? Warum wird da kein Nobelpreis ausgelobt? Es gibt auf dieser Erde Millionen von Menschen mit den gleichen Problemen wie ich. Wenn ich mal irgendwie zu richtig viel Geld komme, würde ich eine Million Euro für dieses Verfahren ausloben. Das habe ich mir geschworen. Wahrscheinlich scheitert es an meiner Finanzierung, aber es wäre doch einfach mal eine Überlegung wert. Liebe Mediziner auf dieser Welt, traut euch und forscht auf diesem Gebiet. Das wäre für viele Menschen und auch Krankenschwestern und Ärzte eine große Hilfe. Das ging mir sehr oft durch den Kopf.

Ich bemühte mich in den letzten Tagen der Therapie, nicht abzunehmen und alles halbwegs gut über die Runden zu bekommen. Also nicht mehr anecken im Krankenhaus, viel essen und trinken und keinen Stress haben. Das klappte auch und am Donnerstag hatte ich dann mein zweiminütiges Entlassungsgespräch mit einer Ärztin, die mich vorher einmal gesehen hatte und meine Akte nur überblätterte. Ihr Abschlusskommentar für mich war ungefähr so zu verstehen, dass ich das Krankenhaus nicht mehr behelligen sollte. Sie waren froh, dass sie mich (diesen aufmüpfigen Patienten) endlich los waren. Der Hausarzt und der HNO- Spezialist waren ab sofort für mich zuständig. Was ja auch »Sinn« macht, denn das sind ja nun mal die Krebsspezialisten (purer Sarkasmus von mir). Manches werde ich nie verstehen und begreifen. Liegt es immer nur am Geld oder wo ist das Problem im Krankenhaus?

Wieso bekomme ich da nicht eine krebsspezifische Nachbehandlung, die kann doch mein Hausarzt überhaupt nicht leisten? Fragen über Fragen. Mein HNO-Arzt hat die Hände über dem Kopf zusammengeschlagen und wollte seine Kontakte im Krankenhaus nutzen, um mir zu helfen. Er hat nicht so richtig verstanden, warum die Ärzte mich so behandeln (oder dies eben nicht tun). Jedenfalls muss ich alle sechs Monate die nächsten Jahre zur Untersuchung zum HNO-Arzt und ich werde mehr oder weniger freiwillig alle zwei Monate ein großes Blutbild machen lassen, um über die Blutwerte Bilde zu sein, natürlich im fachlichen Gespräch mit meinem Hausarzt.

Seit der sechsten Strahlungswoche hatte ich ja mit meinem Gewicht zu kämpfen, trotz künstlicher Nahrung bin ich gerade so bei 75 Kilogramm geblieben. Das war viel zu wenig, um noch laufen zu können. Das war schon hart, denn ich brauche das Laufen. Da wird der Kopf frei und nachher bin ich zufriedener. Beim Laufen habe ich Gelegenheit, über vieles nachzudenken und neue Lösungen für irgendwelche Probleme fallen mir einfach so zu. Das fehlte mir schon sehr. Meine Laufstrecke war außerdem wunderbar, sie geht durch Wald und Flur, auf und ab. Zudem gehörte das Laufen ja definitiv zur Bekämpfungsstrategie meinerseits. Aber ich war auch guter Hoffnung, dass nicht mehr so viel vom Tumor übrig war. Apropos Hoffnung :

Als Anne und ich 2013 in Jordanien waren, fuhren wir mit einem Mietwagen quer durch das Land. Unter anderem fanden wir in der Wüste an der Grenze zu Israel ein ganz nettes Hotel. Der junge Hotelbesitzer lud uns und andere Gäste abends auf das Sofa vor dem Hotel ein und spielte uns auf einer Trommel einheimische Folklore vor. Die Nacht war wolkenlos und warm und wir sahen diesen blauschwarzen Himmel mit seinen Sternen. Nach der Musik entwickelten sich dann Gespräche auch mit den anderen Hotelbesuchern und es war ein schöner Abend. Eine Anekdote an diesem Abend brachte uns zum Schmunzeln und blieb für mich bis heute fest mit diesem Urlaub verbunden. Es gab am Nachthimmel einen hellen Stern (wahrscheinlich die Venus), er leuchtete am hellsten von allen. Irgendwie kamen wir auf den Himmel und einer sagte, och die Venus leuchtet so schön. Da wurde der Hotelbesitzer sehr aufgebracht. Nix da, Venus, rief er, das ist ein Spionagesatellit von dem furchtbaren Nachbarn Israel. Er war auch nicht davon abzubringen, jahrelang hatte er diesen Spionagesatelliten schon beobachtet, denn er kam jeden Abend wieder. Schließlich wohnte er hier und wisse das. Wir nicht, wir wären ja nur Besucher. Hätten keine Ahnung von sowas. Ich kam mir vor wie bei James Bond, oje oje! Auf unserer Reise durch das Land haben wir noch mehr Menschen kennengelernt, die ganz, ganz schlecht auf Israel zu sprechen waren.

Das war noch moderat ausgedrückt. Zum Beispiel ein Taxifahrer in Amman. Er hatte bei unserer gemeinsamen Fahrt in der Stadt gesagt, dass er ganz viele Kinder bekommen hatte, damit sie gute Krieger werden im Kampf gegen die Israelis! Gibt es da überhaupt noch Hoffnung auf Frieden in dieser angespannten Region der Erde?

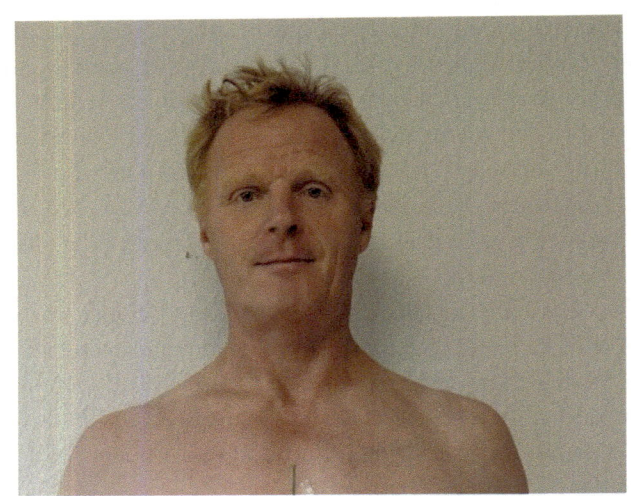

vor der Strahlentherapie

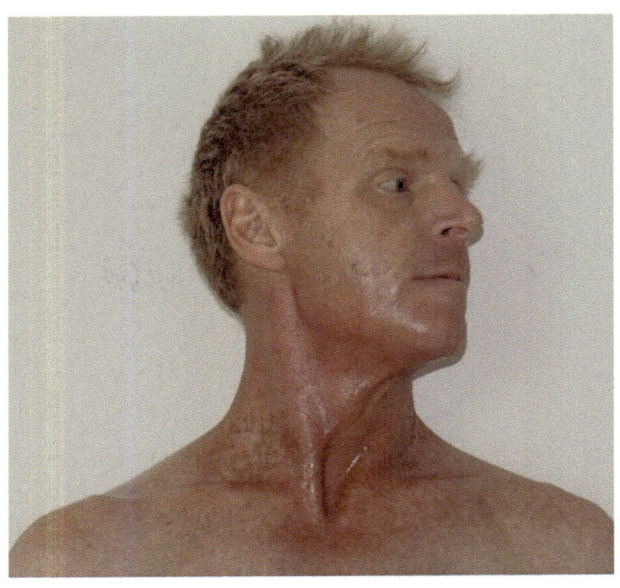

am Ende der Bestrahlung

Mein »Maharadscha« in Indien

Mein Barbier in Indien (stellvertretend)

Erste Zeit nach der Behandlung

Der HNO-Arzt stellte bei der Ultraschallnachuntersuchung fest, dass der Tumor (besser gesagt, das, was noch von ihm übrig war) eine Größe von 10 x 9 Millimeter hat. Ob dieser Klumpen noch aktiv oder schon den »Jordan runtergegangen« war, konnte er leider nicht sagen, das müsste dann durch eine Gewebeprobe festgestellt werden. Tja, diese Gewebeprobe müsste in meinem »geliebten« Krankenhaus durchgeführt werden. Die wollten mich ja nicht mehr sehen, das beruhte ja auf Gegenseitigkeit. Oje oje, da würden wieder anstrengende Zeiten auf mich zukommen. Aber das War noch in weiter Ferne, denn zuerst kam noch die Anschlussrehabilitation.

–Sehr interessant – im Krankenhaus hing ein Zettel an der Umkleidetür zum Bestrahlungsraum. Darauf war zu lesen, dass man Informationen für eine Rehabilitationsmaßnahme an der Information des Krankenhauses bekäme. Also informierte ich mich und bekam einen Zettel zur Unterschrift, wegen Datenschutz und so. Mehr nicht! Wenig später bekam ich einen Anruf von der Reha-Beratung, die diese Maßnahmen organisiert. Und dann ging es total flott, ich bekam einen Wust von Blättern zum Ausfüllen und Unterschreiben. Alles zurücksenden und keine drei Tage später war der Termin unter Dach und Fach!! Das hätte ich niemals für möglich gehalten, denn meine Erfahrungen aus dem Bekanntenkreis waren andere. Da wurden alle Anträge immer abgelehnt und erst nach dem zigsten Versuch dann doch bewilligt. Aber bei Krebspatienten geht es wohl doch schneller. Oder ich hatte Glück – soll ja auch mal vorkommen. Also war meine Nachsorge erst einmal unter Dach und Fach.

Eine Sorge weniger.

Jetzt war da nur noch diese Magensonde, die mir im Wege war (ich konnte ja immer noch nicht richtig schlucken). Ich wollte unbedingt wieder richtig essen und trinken. Also habe ich mir Hilfe von einer Logopädin geholt, aber leider konnte sie mir nicht helfen. Der Würgereiz war in der Woche nach Therapieende noch zu groß. Daraufhin suchte ich mir eine Psychologin, die zwar nicht mit den Kassen zusammenarbeitete, aber dafür kurzfristig Termine frei hatte. Und das war ja für mich extrem wichtig. Was nutzt es mir, wenn die Krankenkassen die Beratungen übernehmen, ich aber erst viele Monate später einen Termin bekomme. Also eben selbst bezahlen und dafür sofort Hilfe bekommen. Diese Psychologin hat mir mit ihrer Therapie so gut geholfen, dass der Würgereiz sofort verschwand. Sie hat mich hypnotisiert und während dieser Hypnose die »vermutete« Ursache angesprochen. Ich stand vorher dem Ganzen ein wenig misstrauisch gegenüber, wollte aber jeden Strohhalm ergreifen den ich bekommen konnte. Es kann natürlich auch alles ein Zufall sein, aber das war schon bemerkenswert.

Ich konnte danach wieder trinken und dünne Suppe zu mir nehmen. Ich war sehr erleichtert, denn nun ging es für mich absolut wieder bergauf. Ich hatte das Tal hinter mir gelassen, alles sah jetzt viel viel besser aus als noch vor einer Woche. So konnte ich auch mein Gewicht ein wenig nach oben korrigieren. Juhu! Diese kleinen Stiche in der Gegend des Tumors hatte ich immer noch, unregelmäßig, aber heftig. Jetzt war es mehr so ein Phantomschmerz. Denn der Tumor war ja hinüber, den gab es ja nicht mehr in der Form.

Auch da konnte mir die Psychologin helfen. Ich bin immer noch schwer beeindruckt, und wenn ich es nicht selbst erlebt und durchgemacht hätte, würde ich es wahrscheinlich als Humbug klassifizieren. Bei beiden Schmerzsymptomen hat sie so eine Art posttraumatische Belastungsstörung bei mir vermutet und lag im Nachhinein damit völlig richtig. Jedenfalls war es für mich die richtige Behandlungstherapie und ich war glücklich, diesen »Notnagel« gefunden zu haben.

Die ganze Situation wurde langsam besser. Wegen meines Körpergewichtes setzte ich mich ziemlich unter Druck. Was ich da für ein Gewese drum gemacht habe und immer noch mache war ja nicht normal. Jeden Morgen um dieselbe Zeit wiegen und auch Temperatur messen.

Und jeden Morgen dann das Gewicht verteidigen mit allen möglichen Begründungen, warum es weniger oder mehr oder gleichgeblieben ist. Das war manchmal für mich so anstrengend, aber das Maß aller Dinge. Im normalen Alltag völlig nebensächlich wird es plötzlich zu einer Frage von »Leben und Tod«. So empfand ich es. Die Ansage kam vom Krankenhaus, von Anfang an hieß es dort: Auf keinen Fall abnehmen, sonst steht alles auf dem Spiel, das hing dann so wie das berüchtigte Damoklesschwert über einem.

Jaja, immer dieses Krankenhaus. Im Nachhinein kann ich nur sagen, vieles, was die Ärzte mir gesagt haben, war für mich nicht zutreffend. Das ist diese Verallgemeinerung und das Prinzip, alle über einen Kamm zu scheren. Jeder ist doch ein Individuum und hat seine persönlichen Maßstäbe. Aber diese werden grundsätzlich ignoriert und auch nicht registriert. Ich habe es manchmal versucht, bin aber jedes Mal verzweifelt und gegen eine Mauer gelaufen. Das ist so schade für die Patienten, denn nicht nur ich, sondern alle müssten ein Behandlungsprogramm bekommen, das auf sie persönlich zugeschnitten ist und bei Bedarf angepasst werden könnte. Aber das sehen fast alle Ärzte anders und lassen sich auch keinen Millimeter davon abbringen. Denn was hilft mir die Aussage, dass ich wochenlang nichts essen und trinken kann und deshalb jeden Tag Kaubewegungen durchführen muss, damit die Kiefermuskulatur nicht erschlafft und ich eben keine Probleme damit bekomme. Oder ich auf alle Fälle unbedingt so weiter essen soll wie bisher und auf keinen Fall irgendwelche Diäten machen soll. Auf keinen Fall irgendwelche Einschränkungen beim Essen, immer weiter so. Dabei ist es doch schon erwiesen und auch durch Studien belegt, dass sich der Tumor von Zucker ernährt. Also gab es für mich nichts daran zu rütteln, dass ich auf Zucker verzichte und mir diese hochdosierte Vitamin-C-Infusionen geben lasse. Dann noch die regelmäßigen Behandlungen meines Chinesischen Mediziners (Akupunktur) und meinen Sport. Das alles hat mein Leiden (und ich habe gelitten) doch erheblich verkürzt und meine Gesundung doch wesentlich beschleunigt, da bin ich fest davon überzeugt.

Aber davon ist bei den diversen Vorgesprächen niemals die Rede gewesen, das wäre doch mal ein Ansatz für die Schulmediziner. Ich habe ja schon mal erwähnt, dass diese Krebsbehandlung ganz schön ins Geld geht. Alles und jedes (jede Chemotherapie, jede Blutabnahme, jedes Verbandspäckchen …) musste von mir zugezahlt werden und die Behandlungen, die ich privat gemacht habe, sowieso. Das hätte ich vorher auch nie gedacht, dass es solche Summen verschlingt. Viele werden sich das auch nicht leisten können, aber muss das so sein? Muss die persönliche Gesundheit wirklich so viel kosten?

Es gab ja einiges, was mir die Ärzte an Nebenwirkungen vorhergesagt hatten, und was nicht ein- oder nur sehr schwach aufgetreten ist. Aber eines war für mich sehr sehr peinlich und partnerschaftsfeindlich. Irgendwann ab der fünften Woche hatte ich Verdauungsprobleme, die sich in Blähungen äußerten. Das war über mehrere Tage sehr dominant und furchtbar. Alle halbe Stunde machte sich der Darm lautstark bemerkbar, wenn ich allein war – kein Problem. Aber wenn

Anne dabei war, wurde es sehr unangenehm. Oder im Supermarkt oder ähnlichen Situationen in der Öffentlichkeit. Aber meistens war Anne davon betroffen. Wir sind ja jeden Tag spazieren gegangen, bei dem wunderbaren Sommerwetter eine tolle Sache. Ich verkniff mir diese »leisen Lüftchen«, bekam aber dadurch Schmerzen und deshalb hatten wir den Kompromiss gefunden, dass ich immer in so einer Situation ein paar Meter hinter ihr ging. Und außerdem sind Flatulenzen, wenn man zusammen geht, steht oder sitzt, einfach nur doof, Tja, da stand ich nun mit meinem Talent und mit den Nebenwirkungen. Was sollte ich denn tun? Die kamen einfach so und waren nicht von mir steuerbar. Also bin ich dann immer ein wenig langsamer gegangen oder war froh, wenn der Wind laut war oder ein Auto irgendwie neben uns fuhr. Diese Umgebungsgeräusche übertönten die unangenehmen Nebenwirkungen der Chemotherapie. Seitdem gibt es »Frösche« in unserer Beziehung. Ich habe keinen Plan, warum der Magen-Darm-Trakt so heftig in mein Leben trat und mich bis heute nie ganz in Ruhe gelassen hat. Denn es blieb in dieser Zeit alles beim Alten (Essen,Trinken), es veränderte sich nichts. So eine Chemo- und Strahlentherapie ist schon ein Mysterium, da passieren Sachen, die sind einfach nicht erklärbar.

Jedenfalls nicht von mir. Und Ärzte habe ich in dieser Angelegenheit nicht behelligt, das war mir unangenehm. Ich glaube, das ist verständlich.

Etwas Positives kann ich ja auch mal berichten. Ich hatte während der ganzen Behandlungszeit nie mit Schlafstörungen zu kämpfen. Abends war ich todmüde und bin morgens zumindest die ersten Wochen »erholt« aufgestanden. In den letzten Wochen musste ich den Schlaf einmal zum Wasserlassen unterbrechen, bin aber nachher wieder eingeschlafen. Das war aber nicht so schlimm, einfach nur Gewöhnungssache.

Diese nächtliche Störung hörte aber nach der Behandlungszeit in der Reha wieder auf. Apropos Nachtruhe, da fallen mir doch wieder ein paar Geschichten ein.

Die spartanischste Übernachtung erlebte ich in Nepal auf dem 175 Kilometer langen Fußweg von Jiri nach Namze Bazar (Mount Everest Basislager). Ich war in der Monsunzeit im Sommer unterwegs, da gibt es auf dem Weg keine Touristen, deshalb sind auch die meisten Unterkünfte geschlossen. Einige wenige waren geöffnet, die aber nicht viel zu bieten hatten. Oft gab es nur eine Unterkunft, die bestand aus vier Wänden und einem Dach.

Ich denke, es war ein Stall für Tiere, aber mir war es egal. Für einen US-Dollar die Nacht, inklusive Suppe zum Abendessen. Ich wollte es nur trocken und windgeschützt haben, inklusive fließend Wasser am Bach und Toilette hinter einem Felsen. Tja, und wenn die Sonne weg ist, ist es dunkel. Ich habe dann so meine 12-14 Stunden im Schlafsack gelegen, andere Möglichkeiten im Dunkeln gab es für mich nicht.

Die absolut »grausamste« Unterkunft war in Durban, Südafrika. Ich war 2011 mit meinem Sohn unterwegs, er wollte noch einen Austauschschüler besuchen. Also habe ich ihn dort hingebracht und bin ein paar Tage allein durch den Süden gefahren. Es war der Jahreswechsel, überall waren viele Hotels ausgebucht. Ich wollte aber unbedingt in Durban übernachten und habe dann mitten in einem nicht so hochwertigen Viertel ein Hotel gefunden, das noch ein Zimmer frei hatte. Erst mal war ich ja froh und glücklich. Aber als ich dann den Zimmerschlüssel umdrehte und mir den »Verschlag« ansah, war ich dann doch ein wenig enttäuscht. Für knappe 100 US-Dollar die Nacht und dann ca. 2,5 x 2,5Meter groß, inklusive Bett, Schrank, Blechduschkabine und Waschecke. Das Ganze ohne Fenster, dafür mit einen riesigem Ventilator an der Zimmerdecke, der nicht abzuschalten ging. Im Zimmer trotz Ventilator eine Temperatur von über 30 °C, die Nacht war einfach nur grauenhaft.

Im Gegensatz dazu kann ich ja noch die für mich absolut allerbeste Unterkunft beschreiben. In Bhopal (Indien) gab es ein Hotel, welches früher mal ein Palast gewesen war. Es wurde für die Touristen zu einer prächtigen Herberge im alten Stil umgebaut.

Ich wurde von einem »Maharadscha« empfangen und zur Rezeption in einer riesigen nach Orangenhonig riechenden Halle geführt. Alles glänzte in Gold und war mit wunderbaren Tüchern behangen und einige Spiegel machten alles noch größer und schöner. Die Frauen alle in wunderbar anmutenden Saris, es war eine Augenweide, sie bei ihrer Arbeit zu beobachten. Das Ganze sah aus wie im Märchen aus tausendundeiner Nacht. Es war für mich ein Traum, selbst das Zimmer war so eingerichtet. Und der Service, quasi noch nicht ganz ausgesprochen und schon erfüllt! Ich denke immer noch mit Glanz in den Augen daran zurück. Das Außengelände war auch dementsprechend märchenhaft gestaltet. Eine Übernachtung für alle Sinne. Natürlich kann man überall für einen entsprechenden hohen Preis ganz toll übernachten, aber unter 100 US-Dollar findet man sowas nicht so oft. Das Foto mit dem »Maharadscha« ist auf Seite 51 zu sehen.

Die abgefahrenste Unterkunft war auf Zanzibar. Sie lag fast genau in der Mitte der Insel auf dem Weg von West nach Ost. Ich hatte ein Zimmer mit Bett einen Tag zuvor gebucht und bin dann mit dem Mietwagen am späten Nachmittag angekommen. Es war ein riesiges Haus mit unzähligen Zimmern, das auch vom Vermieter bewohnt wurde. Weil ich der einzige Gast in dieser Nacht war, durfte ich mir ein Zimmer aussuchen. Ich habe mir das Größte ausgesucht, warum auch nicht? Das Zimmer war wunderbar und nachdem ich alles eingeräumt hatte und ein wenig mit der Kamera unterwegs gewesen war bekam ich Hunger. Mein Vermieter bot mir ein Fahrrad an (ich wollte abends nicht mehr Auto fahren) und sagte, etwa 6 Kilometer von hier in der nächsten Ortschaft gebe es leckeres Streetfood. Ich bin also im Dunkeln dahin geradelt und habe auch lecker gegessen. Es gab Soße mit Pommes und Hähnchenstücken. Alles zusammen in einem durchsichtigen Beutel. Die Gewürze machen das Ganze zu einem Gaumenspektakel. Auf der Rückfahrt zu meiner Unterkunft hörte ich ein Donnern. Oje oje, dachte ich mir.

Wenn es gewittert kommt es immer gewaltig runter. Also schneller in die Pedale treten, ich wollte ja trocken nach Hause. Und das Donnern wurde immer lauter je näher ich kam. Bis ich nach einer gewissen Weile merkte, dass das kein natürliches Donnern war, sondern Musik.

Und was für Musik!!!!! Mein Vermieter (so erfuhr ich später) war ein Hobby-DJ und legte drei Mal in der Woche Musik auf. Das ganze Gelände um sein Haus herum war früher mal ein riesiger Zoo. Seit 30 Jahren war dieser geschlossen, jetzt eroberte sich die Natur alles zurück. Der Eingangsplatz, ca. 50 Meter im Durchmesser, diente jetzt als Club. Bei meiner Ankunft hatte ich das gar nicht so registriert, da alles ein bisschen zu gewuchert war. Aber abends mit Beleuchtung sah es genial aus. Der Oberhammmer war der Sound, vier Boxentürme wie ich sie nur bei Open-Air-Festivals gesehen hatte standen da, heraus kam glasklarer Höllensound. Die Lautstärke hätte für 50000 Besucher gereicht, wir waren maximal 25.

Aber es war die beste Musik überhaupt, Afrika Pop mit internationaler Musik gemixt. Das ging einfach ins Bein, ob du wolltest oder nicht, abfeiern war angesagt. Leckeres lokales Bier mit den Jungs und Mädels getrunken und den Dancefloor gerockt. Irgendwann fiel ich dann ins Bett und dachte mir noch, dass ich bei dem Lärm niemals einschlafen könnte. Aber nicht doch, ich schlief wie ein Baby. Und morgens bekam ich ein leckeres Frühstück, natürlich alles handgemacht. Ich blieb danach länger mit dem DJ im Kontakt (E-Mail), weil ich die Musik so genial fand.

Erste Reha
(Anschlussheilbehandlung)

Ich bin in der Anschlussheilbehandlung(November 2018) in einer Rehaklinik bei Bad Münder. Eigentlich erfolgt diese Anschlussreha spätestens 14 Tage nach Ende der Strahlungstherapie. Bei mir war es aber so, dass erst vier Wochen später ein Platz frei wurde, obwohl die Beantragung und Genehmigung keine sieben Tage gedauert hatte. Hut ab vor den zuständigen Behörden. Aber wie gesagt, diese »Kur« kam für mich zwei Wochen zu spät. Da war ich schon auf dem Weg der Gesundung. Naja, hab ich mir gesagt, kostet nichts und probieren kann ich das Ganze ja. Aber schon das erste Aufnahmegespräch war für mich ernüchternd. Was sollte ich hier in der Klinik? Da wurden Kurse und Therapien angeboten, die ich zwei Wochen vorher dringend benötigt hätte. Diese Zeit habe ich aber zuhause mit meiner lieben Lebensgefährtin überbrückt und mich so durchgeschlagen. Mehr oder weniger sozusagen, mit Kollateralschäden, weil Anne durch diese dauerhaft anstrengende Situation krank wurde. Sie hielt ja schon zehn Wochen lang diese sehr angespannte Zeit durch, dazu ging sie immer noch täglich arbeiten. Da kann ich nur sagen, was für eine enorme Leistung. Aber irgendwann ist auch der stärkste Akku aufgebraucht. So haben wir uns dann zu zweit am Limit, einer stützt den anderen, durchgeboxt. Und danach kam dann die »Kur«. Es läuft alles auf Erholung für mich hinaus, denn so richtig gesundmachen können sie mich hier nicht mehr. Ich habe zwar noch kleine Zipperlein, kann noch nicht richtig schmecken und manchmal wird der hintere Bereich der Zunge noch rau. Aber sonst geht es mir »blendend«. Ich brauche seit etwa zehn Tagen die Magensonde nicht mehr, so dass ich mir dachte, entferne ich sie hier in der Klinik. Denn, wo kann ich sie besser entfernen als hier in einer Klinik?

Das habe ich im Aufnahmegespräch auch angedeutet. Der Arzt sagte daraufhin, das wäre nicht so einfach und ich sollte es lassen oder es besser unter Aufsicht vom Fachpersonal erledigen lassen. Nun ja, nette Worte für mich, aber mehr nicht. Weil ich unter der Woche doch ziemlich viel um die »Ohren« habe mit den ganzen Terminen hier, habe ich mir dann gesagt, am Samstag ist hier alles ruhig und Notfallschwestern sind auch da. Also stand der Termin für mich fest. Am dritten Tag in der Klinik würde ich mich von der Sonde befreien. Tja, gesagt, getan, am ersten Samstag gegen 14 Uhr habe ich »Hand an mich gelegt« und ruckizucki war der Schlauch samt allem Zubehör nicht mehr in meinem Körper. Natürlich, habe ich gewisse Dinge beachtet (mich vorher im Internet informiert). Nicht aufstehen in den nächsten Stunden, nichts essen an dem Tag und viel Ruhe. Bisschen telefonieren und fernsehen, das war es schon an diesem Samstag. Sonntag war alles durch, das Loch im Bauch hatte sich geschlossen und ich konnte wieder im kleinen Rahmen machen und tun, was ich wollte. Ist das nicht superklasse? Ich fühlte mich sowas von befreit, die Welt lag mir wieder zu Füßen. Es war schon ein großer Augenblick für mich, denn jetzt war auch für alle Welt sichtbar, dass ich damit durch war. Nur noch die »Kleinigkeiten«, wie zum Beispiel die Blutwerte und der Geschmack, müssten noch auf Vordermann gebracht werden.

Tja, und dann war am fünften Tag Visite. Ich habe während des Gesprächs mit der Ärztin nach einer Weile gesagt, dass ich mir am Samstag die Magensonde entfernt hatte. Ich will ja nicht sagen, dass die Ärztin aus allen Wolken fiel, aber für mich sah es so aus. Sie wollte es nicht so richtig glauben und ich musste ihr meinen nackten Bauch zeigen. Sie entfernte das Pflaster, welches ich darüber geklebt hatte, und war erstaunt über die Sauberkeit des Loches in meinem Bauch, das noch zu sehen war. Ich sage nur, hegen und pflegen! Habe ich zwölf Wochen täglich getan und das Ergebnis kann sich sehen lassen. Keine Probleme und alles bestens. Damit war sie versöhnt und wir sind im Guten auseinandergegangen. Einen Termin später bei der Ernährungsberaterin erfuhr ich dann, dass hier in der Klinik die Entfernung der Magensonde nicht praktiziert wird. Und sie war auch ganz erstaunt, dass ich mir die Sonde selbst entfernt hatte. Noch drei Wochen mit dem Ding am Bauch wollte ich nicht, nein, nein! Gott sei Dank habe ich es gemacht. Nun ist der Schlauch weg und gut ist!

Heute bin ich hier knappe 7,5 Kilometer durch den Wald gelaufen. Ein wunderbarer anstrengender, weil auf und abgehender Weg in schönster frischer Waldesluft. Danach habe ich zum allerersten Mal seit der Operation Anfang August wieder komplett ohne irgendwelche Abdeckungen und Schutzmaßnahmen geduscht. So ein Hochgefühl, befreiend, wunderbar. Dieses Ding hat mich aber auch eingeschränkt, Man oh man. Aber ohne den Schlauch wäre die Zeit am Ende der Strahlentherapie nicht vorstellbar gewesen wenn ich jetzt zurückblicke. Drei Wochen brauchte ich ihn, um zu überleben. Im wahrsten Sinne des Wortes und ohne Abstriche. Im Nachhinein kann ich mir diese Strahlentherapie ohne die Magensonde nicht vorstellen. Es geht eben alles im Hals kaputt. Aber das ist nun Vergangenheit Nun geht es an's Aufräumen und Wiederherstellen. Darauf freue ich mich auch schon, denn damit ist ja auch die Wiederherstellung des Geschmacks verbunden. Riechen ist ja super, aber Schmecken ist die Krönung. Zur Zeit kann ich noch nichts Süßes schmecken. Das ist das, was ich am meisten vermisse. Die vielen anderen Nuancen bekomme ich gar nicht so mit.

Diese gehen unter, weil es mir nicht mehr schlecht und bitter schmeckt wie zum Anfang. Aber diese Süße fehlt mir noch sehr. Ich habe jetzt so ein ganz zartes kleines Süßegefühl im Mund, wenn ich morgens heiße Milch mit Kakaopulver trinke. Ich liebe dieses Getränk, immerhin begleitet es mich schon fast 50 Jahre mit kleinen Unterbrechungen im Urlaub. Morgens ist es für mich das Allerbeste überhaupt, heißer Schokotrank. Dann kann der Tag beginnen, aber sofort und mit voller Kraft. Auch vor Wettkämpfen oder wenn es ganz schnell gehen muss. Danach bin ich zu hunderfünfzig Prozent fit, sonst nur hundertprozentig. Das reicht natürlich auch, könnte man ja sagen, mir aber nicht. Und da fehlt eben noch dieses kleine, klitzekleine Bausteinchen auf der Zunge, das noch repariert werden muss. Da bin ich jetzt dabei.

Auch die Blutwerte werden langsam aber sicher wieder normal. Ich muss natürlich hier in der Klinik auch einmal in der Woche zum Aderlass. Das Schlimmste überhaupt, aber es ist eben notwendig. Es steht und fällt immer mit der Person, die mich dann piekst. Leider hatte ich dieses Mal Pech, erst beim dritten Anlauf klappte es mit dem »Aderlass«, mir ging es danach nicht so gut. So ist es halt im Leben, manchmal gewinnen die anderen und andermal verliere ich. Jedenfalls ist jetzt seit kurzem nur der Wert der weißen Blutkörperchen etwas unterhalb der Norm, aber geringfügig. Er ist auf dem ansteigenden Level und 0,2 Punkte unter dem Normalwert. Und das ist in einer Woche zu schaffen. So war ich heute in einer richtig guten Stimmung, dass ich gelaufen bin wie der Teufel. Die gleiche Strecke wie vor zwei Tagen (knapp 7,5 Kilometer), aber zwei Minuten schneller. Das hat einen solchen Spaß gemacht, ich habe zwar bergan genauso geschnauft wie das letzte Mal, mich aber auf den geraden Strecken schneller erholt. Unter der Woche kann ich ja nur nachmittags laufen, weil ich vormittags die ganzen Reha Termine habe. Also ist da noch ein wenig Luft nach oben, was die gelaufene Zeit angeht, denn ich laufe am liebsten morgens vor dem Frühstück, da bin ich am fittesten. Viele finden diese Zeit am Morgen für anstrengende Tätigkeiten nicht so optimal, weil um diese frühe Zeit 100 Prozent zu geben nicht jedermanns Sache ist. Die großen Wettkämpfe starten meistens sehr früh am Morgen. Der Ironman in Roth (auch alle anderen Ironmanwettbewerbe Weltweit) startet um 06:30 Uhr und die Vorbereitungen gehen ab fünf Uhr los. Da musste ich quasi um 04:30 Uhr aufstehen und dann ganz langsam den Tag angehen. Ich habe zuerst das Rennrad gecheckt, alles an Verpflegung für unterwegs angebracht und befestigt. Zum Beispiel drei Flaschen Elektrolytgetränke in die Halter gesteckt und ein paar Powerbar-Riegel auf den Rahmen geklebt. Die Schwimmsachen geprüft (zum hundertsen Mal), die Laufsachen sortiert und richtig hingelegt. Nachher soll es ja ruckizucki gehen. Ohne viel suchen und Theater. Tja, dann war die Zeit rum und los ging es. Um 06:30 Uhr sprangen die Profis ins Wasser und kurz danach ich mit meiner Startgruppe. Für mich war das ein ganz emotionaler Tag. Vor einer Wahnsinnskulisse 12 Stunden lang am und über dem Leistungslimit den Wettkampf bestreiten. Die Zuschauer haben mich so motiviert, dass ich die Schmerzen, die unweigerlich auftraten, einfach ignoriert habe. Ich bin stundenlang auf Wolke 7 Rad gefahren und gelaufen. Im Ziel war ich sowieso der Allerschnellste (für mich). Das schöne in Roth ist, dass die Zuschauer nicht gehen, wenn die Profis im Ziel sind, sondern immer mehr werden, um die Amateure anzufeuern.

Abends sind dann Abertausende im Zielstadion und feiern die ganz normalen Finisher. Und das ist auch etwas ganz Besonderes für so einen langen Wettkampf. Die nächsten Tage waren da schon etwas anders, da kamen dann die berühmten Wehwehchen. Aber dann waren sie mir auch egal. Das Ergebnis zählt und das konnte mir keiner nehmen. Ich hatte vorher sechs Monate hart trainiert und dann den Ironman in unter 12 Stunden durchgezogen. Das kann sich schon sehen lassen. Das sind dann die Augenblicke, an die ich zurückdenke und einfach nur stolz und zufrieden bin. Und in diesem Augenblick, beim Schreiben der Zeilen, wird der Groll über einige Momente in den letzten Wochen kleiner.

Gestern hatte ich während meiner Massage, die ich verordnet bekommen habe ein nettes Gespräch mit der Therapeutin. Sie sagte, dass ich Glück hätte mit den Anwendungen, denn ich hatte ja keine größeren gesundheitlichen Beschwerden mehr. Und solche Massagen würde es in Zukunft nicht mehr geben. Die Klinikleitung würde die Massagen und einiges andere nicht mehr im Therapieprogramm anbieten. Kostet Geld und wird oft missbraucht. Dabei hilft es mir doch, wenn ich mich entspannen und erholen kann. Das dient doch auch meinem Genesungsprozess. Aber es kostet eben Geld, wie alles und überall. Ich denke manchmal wird an den falschen Ecken gespart. Die Krebsbehandlung ist für mich als Patient sowieso ziemlich teuer. Wie jeder gesetzlich Krankenversicherte muss ich für Medikamente oder medizinische Behandlungen zuzahlen. Ich komme wahrscheinlich auch über die Bemessungsgrenze für den Freibetrag der Krankenkasse (weil mein Einkommen über der Grenze liegt), also bekomme ich auch null Euro zurück. Und wenn ich dann hier die Raucher sehe, wie sie die ganzen Therapien im wahrsten Sinne des Wortes in Qualm auflösen, wird mir ganz schlecht. Überall steht es und jeder liest es, dass Rauchen der Krebstherapie abträglich ist. Da werden Gelder rausgeschmissen, aber wirklich rausgeschmissen. Weil diese Reha völlig nutzlos ist, wenn man raucht. Jede Schwester und jeder Arzt, mit dem ich darüber gesprochen habe, sieht es auch so. Aber was sollen sie machen? Für mich gibt es da nur eine Antwort: entweder

Glimmstengel oder Therapie. Beides geht nicht, aber da stehe ich wohl alleine auf weiter Flur. Und alle Träger der Kliniken und Krankenhäuser schmeißen weiter dieses Geld raus und wollen dann aber auch Geld einsparen, weil es insgesamt einfach zu viel ist. Und ich als allgemeiner Patient bin dann der »arme Tropf«, der keine Massagen mehr bekommt. Aber ich will nicht nur negative Gedanken aufschreiben- es gibt soviel schönes auf der Welt …

Das schönste und größte Naturspektakel konnte ich am russischen Nordpolarmeer und in Lappland beobachten. Aurora Borealis, oder auf Deutsch Polarlichter, sind so überwältigende und so unbeschreiblich wunderbare Lichterscheinungen am Himmel. Ich hoffe, es gelingt mir, dieses Phänomen zu Beschreiben. In Teriberka am Polarmeer war es so, dass ich alleine in der Nacht bei - 10 °C mit meiner Kamera durch die Einöde gestapft bin und gewartet und gewartet habe. Die erste Nacht ist nichts passiert, ich habe nur ein wenig gefroren. In der zweiten Nacht hatte ich dann Glück, die Lichter kamen und gingen mal heller, mal weniger leuchtend. Ich war aber so hin und weg, dass ich total vergessen habe zu fotografieren. Ein paar Bilder habe ich gemacht aber die waren unscharf und zu dunkel geworden. So war das, ich war einfach von diesen Farben gefangen. In Lappland war es ein wenig einfacher. Da lag mein Hotel am Eri See, nachts war dort alles dunkel, weil das Hotel ziemlich abgelegen war. Also jede Nacht nur 200 Meter gehen und schon hatte ich den besten Platz für die Beobachtungen. Und Glück hatte ich noch dazu.

Drei Nächte waren fast wolkenfrei und die Polarlichter waren gut zu sehen und zu genießen, natürlich auch zu fotografieren (siehe Fotos Seite 92). Aber die letzte Nacht war einfach der Höhepunkt, der Himmel explodierte förmlich, ein Feuerwerk der Farben und Figuren. Und da passierte es mir wieder, ich machte so gut wie keine Fotos, ich war so überwältigt, ja hätte es mir nie träumen lassen, so etwas live zu erleben ist millionenfach besser wie im Kino oder im Fernsehen. Vor Freude tanzte und jubelte ich und vergaß dabei das fotografieren. Am nächsten Tag war dieses Spektakel das Gespräch im Hotel, diese »Licht-Explosionen« waren also nicht so häufig zu beobachten.

Glück gehabt!

Hier in der Anschluss Reha hatte ich mal mein Krebstagebuch zur Hand genommen und dabei so einiges festgestellt. Der Termin der Chemotherapie war jeden Montag, die Bestrahlungen Montags bis Freitags immer zur selben Zeit (08:30 Uhr). Das war also ein gut strukturiertes System, mit dem ich klarkam. Die Chemotherapie war manchmal ein wenig langwierig, weil zunächst mein Blut kontrolliert werden musste und dann erst die Lösung in der Apotheke zusammen gemixt wurde. Das war sehr aufwendig und dauerte manchmal zwei bis vier Stunden.

Währenddessen lag ich oben im Behandlungszimmer und bekam schon die Kochsalzlösung als Vorspülung in die Vene. Die ersten fünf Wochen habe ich immer gestaunt (ich war auch froh darüber), dass ich nach der Chemotherapie 2 bis 2,5 Kilogramm zugenommen hatte. Ich hatte beides gar nicht in einen Zusammenhang gebracht. Das wäre auch mal was in dem Einführungsgespräch, den Patienten zu sagen, dass die Flüssigkeit der Chemotherapie erst mal im Körper eingelagert wird. Nach zwei bis drei Tagen wird sie dann ausgeschieden. Und als es dann bei mir um das einzelne Gramm ging und ich eben um jedes Gramm kämpfen musste, wäre es ganz hilfreich gewesen, dass zu wissen. Ich habe mich immer gefreut, dass ich das Gewicht gehalten habe oder eben zugelegt hatte. Und dann am Donnerstag traf mich der Schlag, wieder

2 Kilo weniger, obwohl ich alles genauso gemacht hatte wie am Mittwoch. Ehe ich dahinter kam, dass es mit der Chemotherapie zu tun hatte, war schon die sechste Woche angebrochen. Ich habe es nur herausbekommen, weil ich mich täglich gewogen und es in meinen Kalender eingetragen habe. Und dann sprang es mich förmlich an und ich ärgerte mich, dass ich erst jetzt dahinterkam. Das hätte mir doch viel Stress erspart, wenn mir das bewusst gewesen wäre. Schade drum, im Nachhinein bin ich eben schlauer. Das sind dann so Kleinigkeiten, die mich ärgern, weil sie vermeidbar gewesen wären. Alles andere, was ich beachten sollte, traf auf mich nicht zu. Das ist alles schon schwierig mit diesen ganzen Patientenverallgemeinerungen, alle werden gleich behandelt. Egal ob 50 Kilo oder 120 Kilo, oder 1,60 Meter groß oder 2,10 Meter. Und das ist für mich eben nicht nachvollziehbar. Es bestand die Möglichkeit des Haarausfalls, ich sollte Magenprobleme bekommen und dieses und jenes ganz Furchtbare. Ich habe nach den Einführungsgesprächen viele Seiten an Nebenwirkungen und Begleiterscheinungen unterschrieben und hatte somit für alles die volle Verantwortung übernommen. Obwohl ich von den meisten Sachen, die ich unterschreiben musste (trotz aller Erklärungen) überhaupt keine Ahnung hatte und auch von vielen nicht betroffen war. Ich hatte mich immer auf »andere« verlassen, weil ich es nicht besser wusste.

Da denke ich wieder an eine Geschichte. 2017 beim Tauchen um die Galapagos- und Kokosinseln waren in unserer zusammengewürfelten Tauchmannschaft mehrere Franzosen. Und da wegen der Sicherheit unter Wasser immer zwei Taucher miteinander tauchen müssen, bekam ich einen Franzosen als Tauchpartner. Beim allgemeinen Vorstellen am Anfang sagte mein Partner, das er knappe 1000 Tauchgänge gemacht habe. Meine Wenigkeit hatte gerade mal 70 Tauchgänge vorzuweisen. Er war also der erfahrenste Taucher der ganzen Gruppe.

Das hat mich gefreut, weil ich mich voll und ganz auf ihn verlassen konnte. Nach ein paar guten Unterwasserausflügen ohne Probleme kam ein Tauchgang mit viel Strömung. Ich wollte nicht mehr so viel unter Wasser gegen die Strömung ankämpfen und signalisierte ihm, dass wir zurückbleiben und die anderen weiterkämpfen lassen sollten. Dann sahen wir uns ein paar Minuten die Fische und das, was da sonst noch alles war, an, aber irgendwann mussten wir ja wieder zur Gruppe aufschließen. Ich sah ihm ins Gesicht und signalisierte, was jetzt? Er sah mich an, leicht verzweifelt und hob die Schultern. Da haute es mich um. Ich hatte gedacht, ich war in sicheren Händen, weil er der Erfahrenste von allen Tauchern war, aber er war in dieser Situation unsicher und hilflos. Und nun musste ich Verantwortung übernehmen in einer lebensbedrohlichen Lage. Denn ich wusste überhaupt nicht, wo wir waren, ich war ja immer nur mitgeschwommen. Hatte überhaupt nicht Obacht gegeben oder irgendwas registriert. Tja, also nahm ich das Heft des Handelns in die Hand. Auf Gedeih und Verderb. Erst mal zurückgeschwommen um die kleine Insel und versucht, die anderen auf ihrem Vorwärtstauchgang zu finden. Dem war nicht so, also nun umdrehen und gegen die Strömung kämpfen, bis wir an die Sicherheitsreserve der Luft in der Tauchflasche gekommen waren. Und nach ein paar Minuten kam die Tauchgruppe in Sicht (das Wasser war klar) und alles war gut. Aber diese 15-20 Minuten Verantwortung übernehmen zu müssen, in einer für mich gefährlichen und nie dagewesenen Situation war furchtbar. Ich habe während dieser Minuten nur über meinen Tauchpartner geflucht. Dieser Angeber mit seinen 1000 Tauchgängen. Ob nun 1000 oder 50 Tauchgänge, das machte bei ihm keinen Unterschied.

Für mich waren das ganz schlimme Minuten, kurzfristig wollte ich schon alles hinschmeißen und nicht mehr tauchen. Aber das hätte mir meinen Urlaub verdorben und ich hätte ganz viele schöne Sachen unter Wasser nicht mehr gesehen. Also übernahm ich dann die Verantwortung bei den nächsten Tauchgängen. Ohne Probleme und mit Freude habe ich den Urlaub zu Ende getaucht.

Und nun war es wieder so mit der Verantwortung. Ich musste, ohne es richtig überblicken zu können, die volle Verantwortung der Auswirkungen der Behandlung auf meinen Körper übernehmen. Einfach Wahnsinn sowas. Aber ohne diese Unterschrift gibt es nichts, also was blieb mir anderes übrig?

Hier bei der Anschlussnachbehandlung habe ich ja viel Zeit, um nachzudenken, mich zu erholen, gesund zu werden und vieles noch einmal zu rekapitulieren und zu überdenken. Ich finde schon, dass ich vieles im Leben richtig gemacht habe. Vor allem die Devise, jetzt zu leben und nicht später, wenn ich Zeit habe, so wie ja viele meiner Mitbewohner auf dieser Erde denken und auch danach handeln. Sich sorgen machen um die Zukunft und nicht die Gegenwart genießen.

Es gibt aber auch die berühmten Ausnahmen. In Tansania bin ich auf dem Kilimanjaro geklettert und hatte danach die Gelegenheit einen Stamm der Massai zu besuchen. Diese Menschen denken nicht an morgen. Sie leben nur im Hier und Jetzt. Am Anfang der Kolonisierung des Landes wurden einige von ihnen wegen irgendwelcher Vergehen ins Gefängnis gesteckt. Ihnen wurde dann gesagt, du kommst in x Monaten wieder nach Hause und bist dann wieder frei. Das verstanden sie nicht. Sie brachten sich alle um in dem sie ihre Zunge verschluckten. Bis die Kolonialherren begriffen hatten, dass der Glaube daran, dass es nur heute gebe und morgen nicht existiert, ganz tief verwurzelt ist. So extrem ist es bei mir nicht. Natürlich gibt es für mich auch ein Morgen, aber nicht mehr in dieser Form von »wenn die Kinder nicht mehr im Haus sind, dann aber« oder »später, wenn ich mehr Zeit oder mehr Geld habe, dann aber ...«. Und dieses berühmte Sicherheitsdenken: »Ich kann doch jetzt nicht 1500 Euro für den Urlaub ausgeben. Was mach ich, wenn meine Waschmaschine kaputt geht oder mein Auto stehen bleibt?« Das wird sich eben dann ergeben, das weiß niemand auf unserer Welt, was dann passiert. Wenn ich immer nur an morgen denke, vergesse ich ja das Hier und Jetzt und ich lebe ja nun mal jetzt.

Woher will ich wissen, was viele Versicherungsmakler oft propagieren? Dieses, und wenn Ihnen das passiert, oder jenes eintritt oder eben, es könnte ja sein, das ... . Natürlich bin ich auch versichert, in geringem Umfang zwar, aber versichert. Generell kann ich schon sagen, dass ich versuche im Hier und Jetzt zu leben. Das macht sich dann eben darin bemerkbar, dass ich mir viele Sachen einfach gönne. Mal eine nette Auszeit übers Wochenende im Hotel mit Anne. Oder eben ein Picknick mit leckersten Sachen am Förde Ufer. Und dann nicht zu sagen, es geht nicht, weil wir ja noch die Wohnung putzen oder andere Alltagssachen erledigen müssen. Die werden eben dann gemacht, wenn es passt. Und es ist kein Weltuntergang, wenn das Alltägliche warten muss. Die besonderen Sachen zeichnen das Leben aus und machen es lebenswert. Es gibt da viele Philosophen, Dichter und »große« Menschen, die schöne Zwei- oder Vierzeiler darüber geschrieben haben.

Lebe als würdest du morgen sterben.
Lerne, als würdest du für immer leben.
(Mahatma Gandhi)

Und das zeichnet mein Leben jetzt aus. Die Erkenntnis kam auch bei mir schrittweise und nicht auf Schlag, so ist es auch bei Anne. Wir sind aber noch lange nicht am Ende dieses ewigen Lernprozesses. Natürlich gibt es noch Situationen, in denen wir uns sagen, wir wollten das aber auch noch machen oder das ist das Geld für …! Es wird aber seltener und es ist einfach schön zu sehen, dass uns das Leben im Hier und Jetzt Freude und Spaß bringt. Das habe ich ja zum Anfang schon mal gesagt, das jeder Tag im Leben jetzt eine Zugabe ist.

Mein Wunsch ist es, jeden Tag in vollen Zügen zu genießen und mit voller Freude am Leben teilzuhaben. Natürlich wird es auch für mich nicht nur schöne Tage geben, aber meine Güte, auch die nicht so schönen gehen vorbei. Und mit Anne an meiner Seite wird das Leben auch bunter und abwechslungsreicher.

Da geht mir ein Erlebnis aus Myanmar nicht aus dem Kopf. Ich saß frühmorgens am Rinnstein vor dem Hauptbahnhof in Yangon, weil ich einen frühen Zug nehmen wollte. Ich hatte nur meinen Fotoapparat dabei, mehr nicht, denn es sollte ein Tagesausflug werden. Ich fotografierte also die Menschen und die Umgebung, als zwei ziemlich verwahrloste Männer auf mich zu spazierten. Beide hatten den traditionellen Longi an und ein Unterhemd, das irgendwann mal weiß gewesen war. Dreckig, verschwitzt und laut redend kamen sie auf mich zu. Zu der Zeit (2013) gab es dort noch nicht so viele Touristen, ich war also ein Exot. Der Größere sprach mich auf Englisch an, eben diese Floskeln. Hallo, wie geht's, woher ich komme und so weiter. Nach kurzem hin und her setzten sie sich zu mir auf den Bordstein und wir schnackten über dies und das. Sie hatten beide keine Familie mehr und spazierten jeden Tag durch die Stadt. Geld hatten sie auch nicht, aber was soll's? Sie waren nicht traurig darüber. So ist das eben und mit Buddha an der Seite geht es sich sowieso einfacher durchs Leben. Nach ein paar Minuten verabschiedeten sie sich, nicht ohne mir noch ein bisschen Geld und eine geschnorrte Zigarette zu geben. Ich hatte ihnen gesagt, dass ich nicht rauche und ich genug Geld hatte (wollte ihnen welches geben). Das wollten sie gar nicht, ich war deren Gast und Schluss Aus Feierabend. Da ließen sie auch nichts gelten. Wir umarmten uns zum Schluss, dann gingen sie weiter spazieren. Sie fröhlich schnackend wie vorher und ich blieb ziemlich streng riechend von der innigen frohen Umarmung und mit einem sehr, sehr bedrückenden Gefühl im Bauch zurück. Sie hatten noch weniger als vorher, wobei sie schon nichts hatten und ich hatte noch »mehr«, als ich sowieso schon besaß. Ich als reicher Tourist wurde von den ärmsten der Armen beschenkt. Verkehrte Welt, mit großen Auswirkungen für mich. Ich habe dann bei meinen Klosterbesuchen immer und gut gespendet, quasi als Wiedergutmachung meines Gewissens. Bei anderen Urlauben habe ich es auch immer wieder erlebt, dass viele Menschen ihr letztes Hemd gaben, um mir eine Freude zu machen.

Das war und ist immer noch ein Wunder für mich. Es hat mich tief geprägt, dieses Geben und nicht an morgen denken. Wenn es alle Menschen auf der Welt machen würden, nicht auszudenken diese Freude überall! Manchmal gehen die Gedanken mit mir durch. Träumen ist ja erlaubt und schön. Es sind aber eben nur Träume und Wünsche.

Diese unsere Welt könnte so schön und nett sein. Ach ja … .

Jetzt, nach einer Woche Reha (oder Anschlussheilbehandlung) fragte mich die zuständige Ärztin bei der wöchentlichen Visite, wie es so für mich sei? Wie es mir ginge, ob ich zufrieden sei und die anderen allgemeinen Fragen. Was sollte ich denn antworten – dass das alles für mich zu spät war? 14 Tage früher, so wie geplant und gedacht, wäre die Reha wunderbar für mich gewesen. Nun aber war es nur »Spielkram« für mich. Ich habe alles mitgemacht und an jedem Stuhl- und Gymnastikkreis teilgenommen. Aber gebracht hat es mir nicht viel, weil ich schon viel weiter und gesünder war als alle, die um mich herum saßen.

Tja, also habe ich der Ärztin gesagt, dass es wunderbar für mich ist und dass der Heilungsprozess voranschreitet (tat er ja auch), und dass es mir hier gut geht. War alles nicht gelogen, aber so richtig wahr war es ja auch nicht. Es war jedenfalls nicht schädlich für mich, manches war aber sehr gewöhnungsbedürftig. Die Rückenmassage mit Einweghandschuhen und sehr wenig Öl, das ist dann doch nicht so entspannend (das hört sich nach einem Luxusproblem an).

Da fällt mir eine Geschichte aus Peru ein. Ich wollte den Inca-Trail laufen und hatte mich mit 250 anderen angemeldeten Touristen auf den Weg nach Machu Picchu zu Fuß gemacht. Wir waren in kleinen Gruppen zu zehnt aufgeteilt und hatten einen Guide, Koch und Träger für Zelt und Kochutensilien dabei. Also summiert sich das Ganze dann auf eine stattliche Anzahl an Leuten, die den schmalen Weg vier Tage am Stück gingen. Immer frühmorgens mit der Sonne aufstehen und abends dann mit der untergehenden Sonne den Tag im Zelt beenden. Dazwischen frühstücken und 10-20 Kilometer bergan und -ab gehen und klettern, bisschen aus der Lunchbox zu Mittag essen und dann wieder an der nächsten Station ankommen und Zelt aufbauen und Freizeit bis zum Abendessen haben. Da vertat ich mich am ersten Tag irgendwie beim Essen. Jedenfalls hatte mein Magen Probleme, alles gut zu bewältigen. Am zweiten Tag musste ich mehrmals die Gegend jenseits des Weges »erkunden« und mich erleichtern. Am letzten Abend war es so schlimm, dass ich keine Wechselwäsche mehr hatte, weil irgendwie alles in Mitleidenschaft gezogen worden war. Und es kam, wie es kommen musste, nach dem Aufstehen am letzten Morgen hatte mich die Rache der Inka-Götter voll im Griff. Ich stand im Dunkeln auf 4000 Meter Höhe 50 Meter vom Campingplatz entfernt halbnackt bei Minusgraden (die Nächte sind schweinekalt) und versuchte, mein Unglück mit einer halben Flasche Wasser (es gab ja kein fließend Wasser) zu beseitigen. Gott sei Dank waren wir ja auch im Dunkeln losgegangen (weil wir den Sonnenaufgang in Macchu Picchu erleben wollten), sodass keiner das Malheur an meiner Hose sah, die war nämlich klatschnass vom Saubermachversuch. Macchu Picchu erreichte ich mit trockenen Klamotten und die »Rache« hatte sich nach einem Tag mit gutem Essen in Luft aufgelöst.

Heute (nach 20 Tagen Reha) war mein Entlassungsgespräch mit der Ärztin. Die Anschlussrehabilitation endet morgen. Leider war meine Ärztin, die auch die Visiten durchgeführt hatte, verhindert, sodass eine mir unbekannte Ärztin das Gespräch leitete. Wir mussten uns erst kennenlernen und sie erstmal meine Akte studieren. Das dauerte ein paar Minuten, dann gingen wir alles routiniert durch. Diese normalen Fragen, was für Fortschritte erzielt wurden und ob ich meine Ziele erreicht hatte usw. Bis dann die entscheidende Frage ihrerseits gestellt wurde, ob ich denn noch meine Magensonde zur Nahrungsaufnahme benutzte. Worauf ich »stolz wie Oscar« daraufhin erwiderte, das ich sie mir doch eigenhändig entfernt hatte. Und alles gut verlaufen war. Sie sah mich an und irgendwie sah sie aus als hätte ich ihr gerade einen Heiratsantrag gemacht. Also so, als hätte sie gerade etwas völlig Abwegiges und total Unrealistisches gehört. Da zog ich mein Hemd hoch und zeigte ihr meinen Bauch mit dem verschlossenen Loch, und lächelte mein stolzestes Lächeln überhaupt. Da fing auch sie an zu lachen, aber mehr so dieses Lachen, das sagt: Das gibt's doch nicht, das darf doch nicht wahr sein, das kann einfach nicht sein. Sie fragte daraufhin, wer denn davon alles eine Information hatte (sie glaubte hunderprozentig, ich hätte es heimlich still und leise gemacht)? Ich sagte noch stolzer, das alle mich behandelnden Ärzte darüber Bescheid wüssten, zwar waren sie nicht glücklich über meinen Alleingang, aber zufrieden mit dem Ausgang. Da lachte sie immer noch und wollte es nicht glauben, irgendwann beließen wir es dabei und kamen wieder zum Entlassungsgespräch zurück. Mit einem leichten Grinsen gingen wir dann beide auseinander und ich schlenderte frohen Mutes in mein Zimmer. Denn heute wollte ich noch ein letztes Mal meine Strecke durch den Wald laufen und testen, wie gut die letzten Tage mir getan hatten. Die Strecke ging über knappe 7,4 Kilometer (mit dem Fahrrad abgefahren und gemessen), das erste Mal vor drei Wochen war ich über 38,5 Minuten gelaufen. Und heute wollte ich unbedingt noch schneller als vor zwei Tagen laufen (36:04 Minuten). Das Wetter war gut, trocken und kalt, also wunderbare Laufbedingungen. Tja, dann ging es los und als ich wieder zurück war und die Uhr gestoppt hatte, konnte ich es kaum glauben. Für mich wahnsinnige 34:17 Minuten, also alles richtig gemacht die letzten 3 Wochen. Ich hatte mich um über vier Minuten in nur drei Wochen gesteigert. Das baute mich auf und war ein guter Grundstock, um die anderen Baustellen, die ich noch habe, anzugehen. Denn mit dem Geschmack hatte ich immer noch Probleme. Das ganz Süße und das Saure kam bei mir noch nicht an.

Und der Hals war noch bei gewissen Bewegungen leicht angespannt. Da würde wahrscheinlich nur Pflege, Pflege und Pflege helfen.

Das werde ich dann in den nächsten Wochen in Angriff nehmen.

Dieser ganze Kampf gegen den Tumor mit allen seinen Begleiterscheinungen hat auch ganz viel mit dem unerschütterlichen Glauben an mich und meine Kraft zu tun. Ohne diesen Hintergrund würde ich das alles nicht so in dem Maße geschafft haben. Im wahrsten Sinne des Wortes kann der Glaube Berge versetzen.

Als ich in Nepal war, hatte ich als Akklimatisierung in Vorbereitung des Gipfelsturmes vom Mera Peak den Mount Everest besucht. Es gibt ja jedes Jahr streng limitierte »Besuchszeiten«, die fallen aber nicht in die Sommerzeit. Also war eine Erklimmung des Everest nie auf meinem Wunschzettel. Ich stieg aber zum Basislager auf und genoss dort die Umgebung und die Stille, das ganze in 5600 Meter Höhe. Auf dem Rückweg zu meiner nächsten Übernachtung in 4.600 m Höhe kam relativ dichter Nebel auf. Und es ist nun mal so, dass dort oben keine meterbreiten Wanderpfade existieren, sondern fußbreite Trampelpfade, die ab und an kleine Wegmarkierungen enthielten. Das Blöde war auch noch, dass die einzige provisorische Brücke über den Gletscherfluss die letzten Monate kaputt gegangen war. Auf dem Hinweg war das alles kein Problem. Schönster Sonnenschein und kilometerweite Sicht, da waren die kleinen »ausgeschilderten Umwege« gut zu erkennen. Aber jetzt auf dem Rückweg sah ich knapp die Hand vor den Augen und hatte noch mein gesamtes Gepäck (35 Kilogramm, 20 auf dem Rücken 15 vor dem Bauch) dabei, das alles in 5300 Meter Höhe, nicht lustig. Jedenfalls kam es auch hier wie es kommen musste, ich verpasste die Markierung und lief auf die kaputte Brücke zu und kam auch an dieser an. Quer durch den Fluss ging auch nicht, da waren die Steine zu groß und es war undurchdringlich für mich und mein Gepäck. Ich also wieder zurück (hatte ich gedacht) und nach 20 Minuten Lauferei merkte ich, dass ich mich völlig verirrt hatte. Und nun - sprach Zeus- was jetzt? Keiner auf der Welt wusste, wo ich war, ich hatte mich weder abgemeldet noch irgendwie angemeldet. Ich war vogelfrei, hatte alles sein Gutes, war aber eben auch mit klitzekleinen Nachteilen behaftet. Dazu war es auch noch kühl in dieser Höhe, keine Sicht und so ein klein wenig machte sich leichte Verzweiflung breit. Ich hatte auf dem Weg zum Everest in diversen Hütten einige Flugblätter gesehen mit vermissten Touristen. Die gingen mir jetzt durch den Kopf und die vielen Sachen die ich noch vor hatte beziehungsweise die auf mich warteten. Unter anderem auch mein Sohn, der auch nur wusste, dass ich im Großraum Himalaya rumrannte. Nein, nein, ich zieh mich schon aus dieser Schlinge, nur eben musste ich noch ein wenig überlegen. Dann hatte ich eine Idee. Da ich immer und gerne fotografiere, hatte ich eine ziemlich gute Kamera und eine für die raueren Gebiete. Die kleinere Allwetterkamera hatte einen Höhenmesser, Temperaturfühler, GPS und – Juhu!- einen Kompass. Ich schnappte also die kleine Kamera und sagte mir, der Everest ist im Norden, da muss ich hin. Alles andere würde sich ergeben. Keine 30 Minuten später war ich an dem Gletscher und nicht weit davon war auch die Umleitung, die ich ja beim ersten Mal verpasst hatte. Ich hatte aber auch jetzt ein wenig Glück, denn gerade versuchten drei Bergsteiger auf diesem Umweg den Gletscher zu überqueren. Zuerst hörte ich sie nur, dann sah ich sie. Alles hatte sich in pure Erleichterung meinerseits aufgelöst. Aber ohne diesen festen Willen und Glauben an mich, wäre auch ein ganz anderer Ausgang möglich gewesen. Auf dem Rückweg nach unten war ich dann fröhlich singend und guter Dinge, aber körperlich am Rande der Erschöpfung. So ein Abenteuer schlaucht doch ganz schön. Während der ganzen Tage am und um den Everest begleitete mich ein gigantisches Schauspiel. Es gingen vier bis fünf Mal am Tag riesige Steinlawinen den Berg hinunter. Diese gewaltige Geräuschkulisse ist unvorstellbar, obwohl sie manchmal fünf Kilometer Luftlinie entfernt war, kam es mir so vor, als donnerte sie direkt neben mir ins Tal. Der ganze Berg bebte mit, die Luft vibrierte und mir stockte der Atem die ersten Male. Da fühlte ich mich so klitzeklein in diesem Universum, quasi ein Nichts und dazu allen Elementen der Natur ausgeliefert. Ich war bis zum Schluss überwältigt von dieser Energie, die da losgetreten wurde und ins Tal donnerte.

Jahresende 2018

Heute (12.12.) sind schon zwei Monate seit der letzten Bestrahlung vergangen. Wie die Zeit vergeht? Ich habe jetzt eine viel tiefere Stimme als je in meinem Leben. Anne sagt dann so nebenbei, meine Stimme klinge »verrucht«. Wie, wenn ich tagelang Whisky getrunken hätte.

Wenn es nur die Stimme ist und nichts anderes, ist es ja okay. Aber noch bin ich nicht so ganz überzeugt davon. Wenn ich mich so die letzten Tage im Spiegel betrachte, finde ich mich ein wenig aufgedunsen am Hals und an den Wangen. Das hat mit den Lymphdrüsen zu tun, die noch nicht wieder komplett funktionieren. Durch die Bestrahlung sind sie am Strangende verklebt und müssen erst wieder neue Öffnungen bilden, damit die Flüssigkeiten abtransportiert werden können. Bis dahin werde ich wohl mit dem aufgeschwemmten Gesicht leben müssen. Im Gaumenbereich hinter der Zunge ist es an manchen Tagen wie früher während der Bestrahlung. Alles offen und rau, ich habe aber noch keine Erklärung, warum es so ist. Ich kann alles essen und trinken, nur kratzt es dann ganz stark. Das ist dann für mich eine blöde Situation, denn ich trinke dann wie verrückt, aber es geht nicht sofort weg. Vorhin habe ich mir meine Fotos angesehen, die ich während der Therapie in wöchentlichen Abständen geschossen habe. Das hat mich sehr erschrocken. Ich habe gar nicht so wahrgenommen, dass ich dermaßen abgebaut hatte. Wahnsinn, die letzten Wochen sah ich so schmal im Gesicht aus – Hilfe!

Mein Hals hatte sich komplett geschuppt, überall hingen diese Hautfetzen und meine Haut glänzte wie ein Schwein, weil ich mich ja mit Kokosöl eingerieben hatte. Das half ein wenig gegen das Austrocknen der Haut. Aber das ist schon bemerkenswert, dass ich immer dachte, hey, mir geht es doch verhältnismäßig gut. Dabei konnte jeder genau das Gegenteil sehen und dachte wahrscheinlich, man sieht der schlecht aus, muss es dem wohl dreckig gehen?!

Zwei, drei Wochen ging es mir auch sehr, sehr »bescheiden«, es waren harte Tage, die ich durchgemacht habe, aber ich hatte immer den Eindruck, dass ich das mit mir ausmache und alle anderen das nicht so mitbekommen hätten (bis auf Anne natürlich). Im Nachhinein muss ich wohl zugeben, dass das eine falsche Annahme war. So kann ich mich täuschen oder es falsch einschätzen. Dazu fällt mir auch eine Anekdote ein.

Mitte der 80er war ich während einer USA-Durchquerung mit einem Van auch im Yosemite Nationalpark. Da gibt es ja diesen berühmten Half Dome. Ich weiß nicht - ob es heute noch möglich ist, aber damals konnte jeder, der wollte, an diesem Half Dome herumklettern. Ich hatte Zeit und sah den Profis mit ihrer Ausrüstung zu und dachte so bei mir, ach – was die können, kann ich auch! Ich also mit meinen Sandalen (!!) die ersten Meter locker den anderen hinterher. Ich hatte ja die Magnesiumspuren (von den anderen wagemutigen Kletterern) vor meiner Nase. Und die ersten 25 Meter waren auch relativ »flach«, aber danach wurde es fast senkrecht. Ich kletterte immer weiter hinterher, aber nach einiger Zeit musste ich mich ausruhen (es schlaucht doch ganz schön) und sah hinunter. Und da rutschte mir mein klitzekleines Herz plötzlich in die Hose. Ich stand in einer fast senkrechten Wand in ca. 50 Meter Höhe ohne Hilfsmittel mit Sandalen an den Füßen und musste ja wieder irgendwie runter. Ja, dann ging das Grübeln los, wenn ich rutschte, überlebte ich das nicht und wenn ich mit dem Gesicht am Stein war, sah ich nicht wo ich hintreten konnte weil ich ja am Stein »klebte«. Unten waren auch noch andere Kletterer, die hoch wollten und irgend etwas riefen und schrien. Aber ich weiß bis heute nicht mehr, wie ich es geschafft habe, irgendwie bin ich ja wohl wieder runter gekommen. Ich habe mich von der Leichtigkeit der anderen täuschen lassen und mich persönlich überschätzt. Das war eine ziemlich große Lehre für mich, immer abwägen bei kniffligen Sachen!

Wenn ich meine Trainingsläufe während der Therapie absolvierte, hatte ich immer die Befürchtung, dass mich einer von den Hunden, die oft nicht angeleint waren, beißen könnte. Das wäre der absolute Super-GAU für mich gewesen. Denn das hätte ja bedeutet, Abbruch der Therapie und erst mal die Bisswunde heilen lassen und impfen und weiß der Geier sonst noch alles für Kram. Und die Krebsbehandlung würde außen vor bleiben.

Deshalb lief ich immer, vorsichtig und »abwehrbereit«, wenn Hunde in der Gegend waren. Das hört sich blöd an, war aber so. Einer lief auch einmal ein paar Meter neben mir, aber dann flippte Frauchen aus, schrie und zeterte, da drehte er dann doch um. Einmal war so ein Hackenbeißer zwar angeleint, aber Herrchen gab wieder Leine, als ich die beiden überholte. Der Hund sprang dann einen halben Meter hinter mir her. Das ist doch bekloppt, warum machen manche Menschen so etwas? Nur unüberlegt, oder aus Schadenfreude oder warum? Für mich war es wie Spießruten laufen und ich glaube, ich war und bin nicht der Einzige, der so denkt. Ich hatte früher auch einen Hund und weiß, wie es ist, mit Gassi gehen und an der Leine führen. Rücksicht gegenüber anderen ist immer besser, als den Schaden zu reparieren, wenn der Hund gebissen hätte.

Leider habe ich auch schlechte Erfahrung diesbezüglich gemacht. Zwei Mal wurde ich während meiner Reisen in der Welt von Hunden gebissen.

Das erste Mal in Myanmar. Dort (wie in vielen asiatischen Ländern) laufen überall Hunde durch die Gegend, sie gehören zum Straßenbild. Sie tun nix, sind einfach nur da. Meistens dösen sie in der Sonne und liegen überall und nirgends herum. So auch in den Klöstern und dem Gelände ringsum. Ich ging durch einen Klostergarten und stolperte so über die ganzen schlafenden Hunde. Dabei habe ich einen aber mit meinem Fuß berührt und er reagierte sofort. Aber nicht so, wie ich es mir gewünscht hatte, nämlich schnurstracks das Weite suchen, sondern er biss in meinen Fuß, aber so blöd. Mann oh man, wie konnte ein Hund so bekloppt zubeißen? Ich hatte unten an der Fußsohle zwei Bisslöcher und oben auf dem Spann ein Loch. Das Loch oben war ja nicht so problematisch, aber die unteren beiden schon. Ich hatte ja noch einiges vor, und zwar zu Fuß. Und alle Pagoden durfte man sowieso nur barfuß betreten, also war es für mich wichtig, die Wunden vor Dreck zu schützen. Also ins Hotel zurück und da erst mal säubern und Propolis drauf. Dieses Hausmittel habe ich immer dabei, es hat mir bis jetzt grundsätzlich sehr gute Dienste geleistet. Egal was für Verletzungen ich hatte, mit Propolis wurde alles gut! Dann besorgte ich mir eine Binde, verband den Fuß und der Urlaub ging weiter. Als ich dann nach drei Wochen wieder in Deutschland war, waren die Löcher so gut wie verschwunden. Ich finde, dass ich auch eine sehr gute innerliche Heilkraft habe.

Der zweite Hundebiss ereignete sich in der Hauptstadt von Ecuador, in Quito. Dort wollte ich die Schutzheilige der Stadt auf dem Berg Panecillo besuchen. Sie ist total präsent und von überall zu sehen, weil sie auf einem kleinen Berg am Rande der Stadt steht. Von weitem sieht sie total klasse aus, wie ein großer Engel. Aber von Nahem sieht man dann, das sie relativ grob aus 100.000 Aluminiumteilen zusammengeschustert wurde. Zum Gipfel des Berges, auf dem diese

Madonna steht, kommt man über eine Autostraße, die aber für mich als Fußgänger nicht infrage kam. Also bin ich den kürzeren Weg quer durch die Wohnsiedlungen gegangen, die dicht am Berg klebten. Jedes Haus wird dort von einem Hund bewacht, der meistens nicht angeleint ist. Die Hunde kennen die Einheimischen, und Fremde kommen da sowieso nicht hin. Warum auch? Die Touristen benutzen schließlich alle die Autostraße! Also ging ich frohen Mutes immer zwischen den Häusern entlang und wich den Hunden aus. Irgendwann nach 30 Minuten hatten mich ein paar Hunde auf dem Kieker und verfolgten mich in einem kurzen Abstand. Als ich dann einem größeren Hund ausweichen musste, der mich anknurrte, schnappte mich dann doch so ein kniehoher Mischling von hinten in die Wade. Naja, erfreut war ich nicht gerade und fluchte vor mich hin. Bin aber flotten Fußes stracks weitergegangen, weil ich aus dem Häuserwirrwar endlich rauswollte. Als ich dann oben war, sah ich mir das Desaster an, es sah schlimmer aus, als es war, denn es hatte ja die ganze Zeit vor sich her geblutet. Ein bisschen abwischen und provisorischen Verband aus T-Shirt-Streifen drauf, dann ging es schon wieder. Im Hotel sofort Propolis und einen richtigen Verband auf die Wunde und eine Woche später war auch das erledigt. Wenn ich gesund und munter bin, sind solche Unannehmlichkeiten kein Problem, wenn ich aber angeschlagen bin und körperlich auch nicht so fit, tja, dann sieht alles anders aus. Deshalb war ich froh, dass mich während des Laufens in der Therapie alle Hunde verschont haben.

Heute (14.12.), acht Wochen nach Bestrahlungsende war ich zur zweiten Nachkontrolle bei meinem HNO-Arzt. Damals, als er den Krebs feststellte, hatte er ja auch nur eine Sekunde gebraucht, um zu erkennen, dass da was »faul« war in meinem

Mund! Heute nahm er sich ausgiebig Zeit und untersuchte alles Mögliche. Ich hatte die letzten Tage so kleine Bedenken, weil ich jeden Tag diese Schluckschmerzen hatte. Ab und an waren sie da und gingen nach einiger Zeit wieder weg. Und die Wassereinlagerungen im Hals und in den Wangen gaben mir auch zu denken. Aber erst mal das allerallerwichtigste, die Reste des Tumors schrumpften weiter. In vier Wochen von 10 x 9 Millimeter auf 10 x 5 Millimeter, Juhuuuuuuu. Er baut sich also weiter ab, nur die Frage bleibt, ob er schon restlos tot oder doch noch ein klitzekleines Fünkchen Leben in ihm ist? Das muss im Krankenhaus geklärt werden. Das werde ich in Angriff nehmen. Und die anderen Sachen, wie das Wasser und das immer noch anhaltende Kratzen sind die Strahlennebenwirkungen, mit denen ich noch eine Weile zu kämpfen haben werde. Bei dem Kratzen ist es so, dass dieses von den verödeten Speicheldrüsen hervorgerufen wird. Und diese werden sich wahrscheinlich nicht wieder herstellen lassen. Das stimmt mich kämpferisch, denn ich habe noch ein Ass im Ärmel. Mein Chinesischer Mediziner, der mich die ganze Zeit begleitet und unterstützt hat, kommt jetzt wieder ins Spiel. Die letzten Wochen war es schwierig, einen Termin zu bekommen, ich hatte ja einiges um die Ohren und er hatte dazu noch Urlaub. Aber der nächste Termin stand schon fest. Und dann würde es gezielt den Nebenwirkungen an den Kragen gehen. Ich war da total optimistisch. Und ich überlegte ob ich im nächsten Jahr wieder mit den Vitamin-C-Infusionen weiter mache . Denn mein Blutbild war zwar besser geworden, aber da waren eben noch kleine Abweichungen, die ich zum Positiven verändern wollte. Und so ganz alleine mit Ernährung und Sport bekam ich das nicht hin. Es gibt immer noch viel zu tun, damit ich mich wieder zu 100 Prozent wohl fühle. Das ist ein gutes Stichwort. Ich fühle mich am wohlsten, wenn ich unendlich frei bin. Und im Urlaub bin ich das meistens mit einem eigenen Auto (gemietet natürlich). Zu Fuß gibt es überall Grenzen und mit Bus und Bahnen auch. Aber mit dem Auto bin ich so gut wie unabhängig und räumlich nicht so begrenzt.

Als ich in Sibirien unterwegs war, mietete ich mir auch auf abenteuerliche Weise ein Auto. Eigentlich gibt es in der Region Irkutsk für Touristen überhaupt keine Möglichkeit, sich offiziell einen Mietwagen auszuleihen. Also ging ich zur Tourist Information in der Stadt und habe dort einfach gefragt. Die Frau sprach erstaunlicherweise sehr gut deutsch und somit war alles etwas einfacher. Sie bestätigte mir dann auch, dass es keine Mietwagen für Touristen gibt. Soweit seien sie in Sibirien noch nicht. Aber sie kannte einen, der sein Auto verleihen würde. Lange Rede, kurzer Sinn, nach ein paar Telefonaten war das Ding unter Dach und Fach. Am nächsten Tag sollte der gute Mann mit dem Auto vor meinem Hotel sein und ich nach einer Unterschrift auf dem Mietvertrag losfahren können. Ich freute mich schon auf den nächsten Tag, obwohl ich mir nicht vorstellen konnte, dass ich ein richtiges Auto bekommen würde. Wenn einer einem Wildfremden sein Auto überlässt, dann würde es wohl so eine 20 Jahre alte Kiste sein, die eben noch so vor sich hinfährt.

Würde ich mich eben überraschen lassen. Und am nächsten Tag haute es mich dann auch vom Hocker. Ich hatte mich mit dem Autobesitzer in der Lobby getroffen und wir sind raus aus dem Hotel. Da stand so ein koreanischer Familienflitzer, fast nagelneu und total schnieke (siehe Foto Seite 90)! Ich war völlig hin und weg, das war einfach unvorstellbar. Tja, und dann ging es an den Mietvertrag. Er gab mir ein paar Blatt Papier, alles war auf Russisch geschrieben und ich verstand nichts. Auf der letzten Seite waren ein paar Pünktchen, auf denen ich unterschreiben sollte. Habe ich auch gemacht. Und unterhalten haben wir uns nur mit Händen und Füßen. Bis heute weiß ich immer noch nicht, was ich unterschrieben hatte. Aber das war mir damals schnurz piep egal. Hauptsache ein fahrbarer Untersatz und los ging es. Und dann bin ich los und mittenrein in die sibirische Landschaft. Zum Baikalsee und auf die Insel Olchon und auf Umwegen wieder zurück nach Irkutsk. Dieses selbstbestimmte, unabhängige Fahren und irgendwo einfach anhalten, fotografieren, genießen, innehalten und die unbeschreibliche Landschaft aufnehmen. Das ist eine wunderschöne Qualität meines Reisens und das möchte ich nicht missen. Und dort diesen warmherzigen Menschen zu begegnen und sich mit ihnen irgendwie auszutauschen. Ich denke sehr oft und sehr gerne an diese schöne Zeit zurück.

Und im Nachhinein muss ich sagen, ich war noch nie so frei auf einer Reise wie dort in Sibirien. Ich konnte stellenweise machen, was ich wollte, es interessierte keinen Menschen. Ich konnte parken und gehen und fotografieren, einfach so. In anderen Ländern war es da schon schwieriger.

In Taiwan war es dagegen das genaue Gegenteil. Ich hatte einen 3-Tages-Stop auf meinem Weg nach Vietnam eingelegt und wollte den 101 Tower in Taipeh sehen, das höchste Gebäude in Asien (bis 2007 das höchste Gebäude der Welt). Am Flughafen wurde ich vom Hotelshuttlebus abgeholt und zu meinem Hotel gebracht. Dort wollte ich wissen, wie ich denn am besten in die City kommen würde. Da erklärte mir die nette Dame unmissverständlich, dass ich das Hotel nicht allein verlassen durfte. Touristen würden nur in Begleitung von offiziellen Touristenführern aus dem Hotel gelassen werden. Sie würde mir einen Fahrer besorgen, der mich überall hinfahren könne. Da habe ich mir gedacht, du kannst mich mal …! und mich dann wirklich wie in einem Bond-Film heimlich in so eine Touri-Gruppe geschmuggelt und mit denen aus dem Hotel auf der Straße weiter zu einem Taxistand gegangen. Dort nahm ich ein Taxi und lies mich bis zur nächsten S-Bahn fahren, denn das Taxameter stieg in astronomische Höhen. Ich wollte das Geld ja nicht aus dem Fenster schmeißen. In der Stadt war es so, dass wirklich an jeder Straßenecke ein Polizist stand. An jeder Ampel war einer, der aufpasste, dass nur bei Grün gegangen und gefahren wurde. Es war schlimm, diese ganze Überwachung mitzuerleben. Mir ging es dort nicht gut, alle Menschen waren sehr vorsichtig, vielleicht sogar misstrauisch gegenüber einer »Langnase«. Ich war froh, abends wieder im Hotel zu sein und bin dann dort geblieben bis zu meinem Weiterflug.

Mit der Transsibirischen Eisenbahn von Ulan-Bator nach Irkutsk

Mein privater »Mietwagen« in Sibirien

Die Pyramiden von Gizeh

Auf die Pyramide bin ich hochgeklettert

Aurora Borealis in Lappland

Auf dem Inka Trail nach Machu Picchu, morgens mit trockenen Sachen angekommen

Gestern (neun Wochen nach Ende der Strahlen- und Chemotherapie) war ich beim Hausarzt und hatte eine Nachuntersuchung mit Ultraschall und allen anderen Untersuchungen, die mit dem Krebs zu tun hatten. Der Bauchraum ist tutti paletti und quasi so, als wäre die Magensonde eine Erfindung von mir gewesen. Der Arzt war total begeistert und zufrieden mit meinem Genesungsprozess. Ich bin da teilweise anderer Meinung, weil sich im Mund noch einiges im Argen befindet. An jeden Tag ist immer noch für eine gewisse Zeit der Rachenraum »offen« und bereitet Schmerzen. Aber das gibt sich irgendwann, so seine Meinung, Salzlösung würde dagegen helfen. Mein Gott noch mal, so richtig zufrieden bin ich damit aber nicht. Nun gut, also habe ich mich wieder einmal mit dem Internet befasst und eine Seite zur biologischen Krebsabwehr gefunden. So nach und nach werde ich immer schlauer und vor allem auch immer konkreter mit den Suchangaben. Da bin ich auf eine Seite gekommen, die ich schon im Juli gesucht und nicht gefunden hatte. Ich habe therapiebegleitende Maßnahmen gefunden, die mir jetzt nichts mehr nützen, aber damals total interessant und gut gewesen wären. Schade aber auch. Warum gibt es nicht einen Hinweis in der Strahlenklinik, da und dort können Sie sich noch informieren und bei Fragen helfen wir Ihnen. Nichts da, und bei Fragen meinerseits meistens misstrauische Blicke und das Gefühl, dass ich da nicht hingehöre. Das trägt doch nicht zur Gesundung und zum Wohlfühlen bei. Und das ist ja wohl das, worum es geht. Der Patient sollte im Mittelpunkt stehen und nicht irgendeine Studie oder Befindlichkeit des zuständigen Arztes. Denn jetzt habe ich eben auch gelesen, dass sich Honig vor und nach der Bestrahlung sehr gut auf die Heilung des Rachenraumes auswirkt. Und eben auch die Nebenwirkungen der Bestrahlung nicht so schlimm sind. Jetzt könnte ich ja wieder einmal schreiben, das Leben ist nun mal kein »Schrebergarten«, da muss ich durch. Schreibe ich aber nicht, sondern denke es mir nur. Und irgendwann muss ich mir auch mal Gedanken machen, wie ich denn diese Zeilen veröffentliche. Ich will ja ein Buch schreiben, habe aber überhaupt noch keinen Plan, wie das richtig funktioniert. Schließlich soll es ja von der ganzen Welt gelesen werden können und da hapert es noch mit meinem Vorstellungsvermögen. Wer ist dafür zuständig? Wer organisiert und managt das Ganze? Und die ganzen anderen Fragen, die sich mir als Ersttäter stellen. Da werde ich wohl auch das Internet bemühen und mich da durchhangeln. Gehört habe ich ja schon einiges und meistens nicht so Gutes (es gibt da einige unseriöse Anbieter). Wenn man einen Namen in der Branche hat, ja, dann geht die Post ab. Aber als Einsteiger ist das nun mal ganz anders. Aber auch diese Klippe werde ich meistern, wie auch immer ich das mache.

So ähnlich wie das erste Mal im Linksverkehr Auto fahren. Ich machte mit meinem Sohn einen Urlaub in Südafrika und wollte mit ihm den Krüger Nationalpark erforschen. Also blieb mir nichts anderes übrig, als ein Auto zu mieten. Gesagt, getan, direkt vom Flughafen in Johannesburg ging es los. In den totalen Feierabendverkehr rein und 10 Stunden Flug (mit Umsteigen) hinter uns. Also entspannt ist etwas anderes. Die erste halbe Stunde war schon kniffelig. Die Schaltung auf der anderen Seite und die Fußgänger alle andersherum über die Straße und überhaupt alles verkehrt. Ich habe das vorher schon in Indien, Nepal, Sri Lanka und natürlich England erlebt, aber eben nur als Beifahrer. Das ist ja etwas ganz anderes. Ich musste ja vom Airport erst mal auf die Autobahn, von da an ging es dann besser. Langsam gewöhnte ich mich daran, die Ortschaften wurden kleiner und der Verkehr nicht mehr ganz so hektisch wie in Johannisburg. Alles ging ein wenig einfacher und leichter. Trotzdem gab es gab immer wieder Situationen, in denen ich von meinem Sohn angepfiffen wurde, weil ich eben erst (wie immer) in die falsche Richtung gesehen habe und somit die Menschen beinahe in Mitleidenschaft gezogen, das heißt, überfahren hätte, weil ich sie übersehen hatte. Aber nach 15 Tagen war es mir dann ins Blut übergegangen und wir sind unfallfrei wieder zurück zum Airport gekommen und hatten in dieser Zeit viel erlebt. Vor allem im Krüger Nationalpark, da sind ja die Tiere relativ geballt auf einem überschaubarem Gebiet. Allerdings ist auch hier meistens mit viel Geduld und auch vor allem mit Glück verbunden. Aber dann liegen die Löwen da rum, spazieren die Elefanten vor einem vorbei, laufen die Geparde vor einem weg und fliegen Adler und Geier über einen drüber. Ein imposantes Spektakel auf »engem Raum«.

Jetzt, kurz vor Weihnachten 2018, ist mir einiges aufgefallen, das ich loswerden möchte. In der letzten Zeit habe ich mir überhaupt keine Mühe, was das Essen betrifft, gegeben. Heute habe ich zum Beispiel einfach so eine Fertigpizza in den Ofen »geworfen« und dann mit Freuden gegessen. Ich hatte einfach keine Lust, mir alleine etwas zum Mittagessen zu kochen. Das wollte ich ja vor Monaten überhaupt nicht mehr machen, zumindest hatte ich mir das vorgenommen. Schön immer alles selbst schnippeln und zubereiten und dann auch lecker essen. Tja, aber ich bin auch so ein Gewohnheitsmensch, einfach zu faul! So'ne Pizza ist schnell, satt bin ich auch geworden, aber eben nichts richtig Gesundes. Anne hat mir dann auch die Leviten gelesen, sie hat ja auch recht. Muss ich mir schon anziehen, den Schuh. In der Zukunft werde ich dann doch wieder selbst kochen, auch wenn ich immer für zwei Tage kochen muss, ich muss es eben nur wollen. Aber es hilft mir, einfach mal wieder auf die Zutatenliste des Pizza-Kartons zu gucken. Was da alles draufsteht, hat ja auf keiner Kuhhaut Platz. Warum das da alles drin ist, will ich lieber auch gar nicht wissen. Ich glaube, das ist bei den meisten Menschen so, einfach zu bequem, um sich in die Küche zu stellen und alles zuzubereiten. Es gibt ja alles schon fix und fertig, ob es immer schmeckt, steht auf einem anderen Blatt. Ich habe ja auch jahrelang zum Mittag immer tiefgekühlte Fertiggerichte von allen möglichen Firmen gegessen. Um 12 Uhr zur Pause in die Mikrowelle und fünf Minuten später war es fertig. Ich habe sie zwar immer noch mit eigenen Gewürzen (die ich von den Reisen mitgebracht hatte) verfeinert, sonst hätten sie mir nicht geschmeckt. Aber so richtig ohne Zusatzstoffe waren die wenigsten Gerichte. Und so etwas über eine längere Zeit macht sich natürlich auch im Körper bemerkbar.

Ich glaube zwar nicht, dass diese ungesunde Ernährung krebsauslösend ist, aber andere Zipperlein könnten schon davon kommen. Jedenfalls ist das auf keinen Fall der Gesundheit zuträglich. Das ist mir schon klar, ich muss es eben nur in die Tat umsetzen, muss sich einfach einschleifen, wie Luft holen oder spazieren gehen oder ihr wisst schon, was ich meine.

Manchmal habe ich noch für einige Minuten am Tag einen total empfindlichen Rachen. Da kommen mir dann einfach so die Tränen vor Schmerz. Das geht dann nach einiger Zeit wieder weg, dann ist alles ganz normal, aber die Minuten (oder wenn es ganz schlimm ist auch eineinhalb Stunden) geben mir dann zu denken. Ich habe ja sonst, außer der Wasseranlagerung im Halsraum, das noch nicht abläuft, weil die Lymphstränge noch immer verklebt sind, keine Wehwehchen mehr. Und dann sind diese Minuten umso schlimmer. Da frage ich mich dann schon, was ich alles verkehrt oder nicht richtig mache. Da ist dann das Essen schon eine Überlegung wert. Ich muss ja auch genug Vitamine zu mir nehmen, das reicht jetzt hinten und vorne noch nicht. Auch daran arbeite ich. Man oh Mann, diese Baustellen überall. Gesundwerden ist auch nicht so einfach. Was ich da alles beachten muss …

Es gibt ja immer wieder diese Ratschläge in Zeitschriften, Fernsehbeiträgen und in Radiosendungen, dass sich schwer erkrankte Menschen ein Krankenhaus zur Behandlung aussuchen und nicht das Erstbeste nehmen sollten. Das würde in meinem Fall heißen, ich müsste zu mehreren Krankenhäusern und dann dort meine Geschichte erzählen, mich untersuchen lassen und diverse Gespräche führen. Wie soll das denn funktionieren? In meinem Kopf rotierte es, ich hatte so viel zu überlegen und nachzudenken. Und zwar ganz viel neues und Unvorhergesehenes, mit dem ich erst mal fertig werden musste. Es gibt ja auch solche Sprüche wie zum Beispiel: Für einen Fernseher guckst du tagelang im Internet und dann noch diverse Prospekte durch, bevor du ihn kaufst. Du vergleichst hunderte Modelle im Hinblick auf alle möglichen Kriterien. Aber wenn es um deine Gesundheit geht, gehst du einfach zum nächstbesten! Ja, das ist einfach die Realität, es war mir nicht möglich, nach Kiel, Hamburg oder Hannover zu fahren mit meinem Tumor. Ich hatte Riesenschmerzen im Kopf und wollte sie loswerden, und zwar nicht irgendwann nach unzähligen Gesprächen und Untersuchungen, sondern wenn möglich sofort. Es ist ja auch so, dass die Krankenhäuser nicht auf mich warteten. Auch dort geht es der Reihe nach und war deshalb keine Option für mich. Nein, nein, das war für mich nicht verhandelbar gewesen. Ich wollte die Behandlung in Flensburg machen und so kam es dann ja auch. Ich hätte mir nur gewünscht, dass ich als individueller Mensch etwas mehr Beachtung bekommen hätte und nicht nur Patient mit einer Nummer gewesen wäre. Eines möchte ich aber auch ganz klar stellen, die Chemo- und Strahlentherapie war in meinem Fall richtig und gut. Da gibt es nichts zu beanstanden, das hatte alles seine Richtigkeit obwohl es manchmal vielleicht den Anschein in diesem Buch gibt, dass ich davon nicht hundertprozentig überzeugt gewesen war. Ohne diese Behandlung wäre ich nicht hier und könnte das schreiben. Aber klitzekleine Veränderungen während der Behandlung wären einfach positiver für mich gewesen. So musste ich manchmal an zwei Fronten kämpfen, gegen den Tumor und für meine Person. Ein Kampf reicht in dieser Situation völlig aus, alleine das schlaucht schon ganz stark. Aber es ist nun mal so gekommen, wie ich es manchmal nicht gewollt habe, auch dadurch bin ich auch mental »stärker« geworden.

August 2019

Nun kann ich etwas berichten, was zwei total gegensätzliche Seiten hat. Eine wunderbare und überraschend gute und eine abgrundtief- rabenschwarze Seite. Aber von Anfang an. Ich musste ja, ohne Auswahlmöglichkeiten zu haben, zu einem Gesichtschirurgen, der am Anfang der ganzen Behandlung meinen Zahnstatus feststellen sollte. Ohne diese Untersuchung gäbe es keine Chemo- und Strahlenbehandlung. Er stellte fest, dass vier gesunde Zähne entfernt werden mussten. Sie gefährdeten das ganze Behandlungsprogramm. Das war damals schon zu viel für mich, und ich , obwohl noch von der Magen-OP angeschlagen, widersprach vehement. Zwei Zähne konnte ich retten, aber bei zwei Zähnen im Oberkiefer bestand eine klitzekleine Chance, dass sie sich durch die Strahlung entzünden und den Kiefer dadurch irreparabel schädigen könnten. Ich als Laie, was soll ich denn da sagen? Also gab ich klein bei und die beiden gesunden Backenzähne wurden unter stundenlangem Bearbeiten entfernt (sehr milde ausgedrückt). Jeder, dem schon einmal Backenzähne entfernt wurden, weiß wovon ich rede. Nach einiger Recherche war ich jetzt bei einem anderen Gesichtschirurgen und wollte wissen, wann ich denn endlich meine Implantate wieder eingesetzt bekomme. Ohne den Strahlungsplan meines Gesichtes könnte er keine Aussagen machen. Das hieß für mich, in die Höhle des Löwen zu gehen und wieder einmal um etwas zu bitten. Na ja, ich bin ein Kämpfer und ein Sportsmann. Entweder mit fliegenden Fahnen untergehen oder auf dem Olymp stehen mit den Papieren in der Hand. Im Krankenhaus angekommen, bin ich zur Strahlenabteilung und bat die nette Frau an der Information um eben diese Unterlagen. Sie sagte mir auch sofort, was ich insgeheim befürchtet hatte: nix da für irgendjemanden und irgendwas. Papiere sind im Krankenhaus und bleiben im Krankenhaus. Aber sie würde gerne die zuständige Ärztin fragen. Ich solle mich doch währenddessen ins Wartezimmer setzen. Kenne ich ja, ich war ja lange genug dort. Und nach etwa zehn Minuten bekam ich einen Umschlag in die Hand mit allen gewünschten Unterlagen. Es geschehen noch Zeichen und Wunder. So zufrieden war ich selten wie in diesem Augenblick. Sie hatten sich vielleicht doch an mich und mein ganzes Theater erinnert. Tja, nun zu meinem Chirurgen und die Unterlagen übergeben, nach Hause gegangen und gewartet. Am nächsten Tag bekam ich den ersehnten Anruf, er war total überrascht über die Fülle von Informationen, die ich ihm besorgt hatte. Jedenfalls ging ganz klar aus den Daten hervor, dass der Oberkiefer keine Strahlung abbekommen hatte und nie im Strahlungsbereich war. Also stand dem Implantat nichts mehr im Weg. Die Freude stand mir ins Gesicht geschrieben und ich war richtig glücklich über seine Aussage. Endlich wieder richtig zubeißen können, diese zwei Löcher nerven auch richtig. Juhuuuuuu. Das kostet zwar wieder Geld, aber das muss ich dann mit der Krankenkasse ausfechten.

Nach ein, zwei Tagen Freude mischte sich dann aber doch der Zweifel wieder ein. Wieso mussten sie entfernt werden, wenn von Anfang an klar war, dass nur der Hals und der untere Bereich des Kiefers bestrahlt wurden? Es geht bei den Ärzten immer um diese ganzen Studien, an die sie sich halten. Ohne Ausnahme, keine Experimente. Also war es von vornherein klar, in welchem Bereich gestrahlt wird und was gefährdet ist. Diese beiden Zähne waren nie gefährdet und hätten auch nie entfernt werden müssen. Das ist dann die dunkle Seite für mich bei dieser ganzen Sache. Das ist für mich noch nicht erledigt.

Das muss ich noch klären, ob ich da was machen kann.

Es kann doch nicht sein, dass mir einfach Zähne gezogen werden, die überhaupt nicht im Strahlenbereich liegen.

Im Nachhinein (2021) kann ich sagen, dass ich mich mit diesem Ärgernis abgefunden und meinen Frieden damit geschlossen habe. Um diese Position zu erreichen, habe ich lange mit mir gerungen.

Der Mann, der den Berg abtrug, war derselbe, der anfing, kleine Steine wegzutragen.

Konfuzius (um 500 v.Chr.)

Eine Geschichte

Eines mochte ich von Kindheit an immer gerne, mich massieren lassen. Und das habe ich mir auch immer gerne in anderen Ländern gegönnt. Wo immer es möglich war und ich Zeit hatte, ließ ich mich massieren. Ob in Nepal in Namze Bazar (3800 Meter Höhe) ohne Heizung bei knapp über 0°C, oder in Rishikesh (Indien) bei 35 °C auf einem Tuch, das auf der Straße lag und Autos und Fußgänger um uns herumgehen und -fahren mussten.

In Ulan-Bator war Anne und ich nach unserer Reittour durch das Land in einem Massagesalon, dort wurden unsere Körper nicht gerade zimperlich bearbeitet. Ich bin ja einiges gewohnt, aber das war schon heftig. Die Masseuse haben uns mit Händen und Füssen bearbeitet als wären wir Elefanten. Anne denkt immer noch mit Grauen daran.

Oder am Baikalsee, ich habe ihn den russischen Bären genannt. Er war Anfang 20, Student, sah wirklich aus wie ein Bär, und besserte sich mit einer mobilen Massageanlage seine Finanzen auf. Rote lockige Haare und einen Riesenbart. Nach dem Aufbau in meinem Hotelzimmer legte ich mich auf die Liege und los ging's. Nach 20 Minuten Kneten war der Gute so am Schwitzen, dass er mir leid tat. Er tropfte total, hatte ein puterrotes Gesicht und war am Schnaufen. Man oh Mann, und ich hatte eine ganze Stunde gebucht. Er war nachher total fix und fertig und das für ein paar Rubel. Ich habe ihm dann mehr als den vereinbarten Lohn gegeben, da lächelte er schon wieder.

In Cusco (Peru) war ich in einem »Salon«, wo es mehrere Zimmer gab, die aber irgendwie ohne feste Trennwände waren. Nur durch Tücher begrenzt und ziemlich eng. Das war ein Kommen und Gehen und die Massagerufe der Frauen waren so laut, dass Entspannung und Erholung überhaupt nicht möglich waren.

In Costa Rica (Stadt) buchte ich in meinem Hotel eine Massage, es gab nur eine mobile Masseurin von außerhalb. Zum verabredeten Zeitpunkt kamen zwei Frauen und bauten die Massageliege im Zimmer auf, dann ging die ältere aus dem Zimmer und die Jüngere (ihre Tochter) hat mich massiert. Nachher habe ich sie dann gefragt, warum zu zweit? Sie erzählte mir dann, dass es wohl ziemlich viele Männer gibt, die nicht nur eine Massage wollen. Deshalb war ihre Mutter als Schutz dabei. Für mich als Mann war es doch schon ganz schön deprimierend. Die Welt könnte so schön sein, wenn sich die Menschen mehr respektieren und achten würden. Von den angenehmen Dingen (Massage) des Lebens will ich nun eine nicht so schöne Seite meines Lebens »beleuchten«.

Ich hatte seit meiner Kindheit Riesenprobleme mit dem Blutabnehmen, es ging mir dabei immer schlecht. Selbst wenn ich nur noch dran gedacht habe. Bei einer Feier 2018 kam das Gespräch auf Familienaufstellungen und was da so alles besprochen und geklärt werden kann. Ich persönlich habe auch schon an ein paar Familienaufstellungen teilgenommen und unter anderem private Dinge wieder gerade gerückt beziehungsweise besser verstanden. Ich bin immer davon ausgegangen, dass nur Menschen mit ihren zwischenmenschlichen Beziehungen behandelt werden können, aber nicht das Problem (Blut abnehmen). In dem Gespräch hatte die Person aber auch ein Problem zur Aufstellung gebracht und es wurde zu ihrer Zufriedenheit geklärt. Ich sollte es doch einfach mal versuchen, war dann der Tenor. Für alle Leser ohne Aufstellungserfahrung erkläre ich worum es dabei geht:

Was ist eine Familienaufstellung?

Sechs bis zehn fremde Menschen und ein versierter Aufstellungsleiter treffen sich in einem geschützten Raum. Der erste Aufsteller erläutert seine Problematik, die er näher beleuchten möchte. Dann wählt dieser aus den Teilnehmern die Vertreter entweder der Familie oder der Probleme aus. Diese platziert er dann im Raum. Danach wird das »Bild« betrachtet. Wer steht zu wem hingewandt oder abgewandt, wer in der Ecke oder im Mittelpunkt? Schon aus diesem »in Beziehung zueinander Stehen« wird oft sichtbar, wo eine Störung liegt. Jeder Einzelne wird vom Aufstellungsleiter befragt, wie er sich fühlt, was er auf dem ihm zugewiesenen Platz empfindet. Dann folgt ein Prozess des Aufrollens und Aufarbeitens bis hin zur Ursache der Störung. Danach werden die gewählten Vertreter – wie auf einem Schachbrett – so umgestellt, dass alle einen subjektiv guten Platz bekommen, auf dem sie sich wohl (geborgen) fühlen.

Also habe ich mich in Flensburg um einen Termin bemüht (die sind schnell vergeben) und auch bald bekommen. Im Vorgespräch mit dem Aufstellungsleiter kam heraus, dass wir versuchen können, mein Problem zu lösen. Dann kam der Tag der Familienaufstellung.

Am Morgen ging es mir vor Aufregung richtig schlecht, weil es sich für mich um ein jahrzehntealtes, tiefgreifendes Problem handelte. Es war immer mit Schmerzen und Unwohlsein verbunden. Während der Aufstellung brauchte ich eine gewisse Anlaufzeit, um das Vertrauen zu den anderen Personen, die daran beteiligt waren, aufzubauen. Kurz und knapp formuliert funktionierte das bei mir ungefähr so: Wir waren insgesamt zehn Personen während der Aufstellung, wobei bei meiner Problematik drei Personen beteiligt waren. Ich durfte mir die Personen aussuchen, die meine Probleme stellvertretend darstellen sollten. Es waren einmal die Angst, die Ärzte und mein Vertrauen. Der Aufstellungsleiter hat diese drei Stellvertreter dann in den Raum gestellt. Ich habe es vom Rand aus beobachtet. Auf Nachfragen zu ihrer Gefühlslage wurden die Positionen meiner Stellvertreter zueinander korrigiert, bis sie sich wohlfühlten. Das dauerte eine Weile, weil es für alle Beteiligten (Stellvertreter und mich) aufwühlend war. Als sich alle wohlgefühlt haben, wurde ich dann in das »Bild« gestellt und zwar an die Position, die für mich und die Stellvertreter am angenehmsten war. Dann wurde es ausführlich besprochen. Die Aufstellung hat sich für mich gelohnt und jetzt (Mitte 2019) kann ich sagen, es war ein Erfolg. Die ersten Blutabnahmen danach habe ich noch vorsichtigerweise im Liegen durchgeführt, mit kontrollierter Atmung und schweigend. Die gute Arzthelferin bei meinem Hausarzt kannte das Dilemma ja schon. Währenddessen und auch nachher ging es mir schon wesentlich besser als sonst.

Dieses Gefühl, das es nicht mehr wehtat, wurde von Blutabnahme zu Blutabnahme immer besser. Und jetzt, knappe 1,5 Jahre später, ist es so, dass ich einfach im Sitzen diese Prozedur über mich ergehen lassen kann ohne das ich hyperventiliere oder mir schwummrig wird. Das hätte ich die ganzen Jahre nie geglaubt. Und trotzdem bin ich immer noch dafür, dass irgendetwas erfunden werden sollte, um dieses Stechen beim Blutabnehmen zu vermeiden.

Fliegendes Schlauchboot in Sri Lanka

Nach der Landung, bestaunt von den Einheimischen.

Unterwegs im Himalaja

kurz vor dem Mera Peak Gipfel

Neues Jahr 2020

Jetzt ist Corona seit einem Dreivierteljahr im Land. Einige Zeit ist seit dem letzten Eintrag vergangen und seit ein paar Tagen geistert eine Geschichte in meinem Kopf herum. Wir durften ja die letzten Monate nicht tanzen oder uns ins Nachtleben stürzen. Ist ja alles abgesagt oder verboten. Im Jahr 2015-2016 war ich zum Jahreswechsel in Sri Lanka und Indien. Silvester habe ich in Delhi verbracht, ich wollte unbedingt in das neue Jahr reinfeiern. Das war nicht so einfach, weil ich nicht mit den Touristen feiern wollte, die in diversen Hotels alles reserviert hatten und dann Halligalli machten. Das kann ich zu Hause, dafür fahre ich nicht nach Indien. Ich fand dann einen Zettel an einer Hauswand auf Englisch, der zu einer Party einlud. Ich bin vorher schon mal dahin und habe mir die Location angesehen, es war eine normale indische Bar. Also dann Silvesterabend hingetigert und eine (für indische Verhältnisse) sündhaft teure Eintrittskarte gekauft. Eigentlich war diese Party nur für Einheimische und dann nur für Paare. Alles traf nicht auf mich zu. Wie auch immer, ich war nett und beharrlich und bezahlte auch für zwei, also bekam ich nach ein paar Minuten Wartezeit die begehrten Tickets und durfte hinein. Diese Bar war eine große Kneipe, verwinkelt wie diese unterirdischen Bierkeller in Bayern. Es gab keine Tanzfläche, einen ziemlich langen Tresen und überall Tische, an denen junge Inder saßen und sich unterhielten. Die Musik im Hintergrund war gemischt, international und indisch. Ich kam mir in der ersten Stunde ziemlich fehl am Platz vor, nur noch Bier trinken bis Mitternacht und dann raus. Das indische Tiger Bier ist richtig lecker, finde ich. Aber irgendwann begann es, die Inder standen auf und tanzten einfach so am Tisch. Dann kam mal einer bei mir vorbei und lud mich auf ein Bier ein. Ein lockeres Gespräch folgte und dann wurde es immer entspannter. Irgendwann war ich mittendrinn stand auch an einem Tisch und tanzte mit.

Überall war es laut, die Musik wurde auch lauter und alles mischte sich, ich war nicht mehr der Exot, sondern einfach da. Eine besondere Episode blieb hängen. Einer kam auf mich zu und wollte mir unbedingt einen ausgeben, kein Problem für mich. Da haben wir zusammen einen getrunken und er erzählte ganz viel und war mächtig stolz mit mir am Arm.

Irgendwann war es mir dann zu viel, ich habe mich rausgewunden und bin wieder tanzen gegangen. Da haben mir die anderen am Tisch erzählt, dass er der Sohn eines ziemlich wichtigen Ministers aus dem Indischen Parlament war. Das war mir sowas von egal, und nachdem ich das in die Runde gesagt hatte, war das Gejohle groß und mein nächstes Bier stand auf dem Tisch. Das hat einen solchen Spaß gemacht, diese jungen Inder einfach so zu erleben, so ausgelassen und völlig friedlich. Irgendwann am hellen Morgen bin ich dann in meinem Hotelzimmer angekommen und habe überhaupt nichts von einem Jahreswechsel gemerkt, denn die Inder feiern diese Nacht nicht so wie wir in Europa. Es war eine ganz »normale« Party aber eine der besten, die ich je besucht habe.

Ein »hinkender« Vergleich

Von Anfang an war es für mich ein Wettkampf, aber ein sehr ungleicher. Der Tumor hatte nie eine Chance gegen mich, er war von Beginn an auf der Verliererstraße. Das war mir so klar wie das berühmte Amen in der Kirche. Diesbezüglich bin ich nie auch nur ein klitzekleines bisschen von meiner Meinung abgerückt. Ich habe in meiner sportlichen Karriere schon einige harte und auch längere Wettkämpfe bestritten, ich kann beides auch nicht miteinander vergleichen. Aber dieser Wettkampf ist für mich langwierig und manchmal umständlich, aber so richtig knüppelhart, dass ich vor dem Aufgeben stehen würde, war er niemals.

Es gab einen Qualifikationswettkampf für die Radfernfahrt Paris – Brest – Paris über 1200 Kilometer, an dem ich teilnahm. Diese Qualifikation ging über 1000 Kilometer und jeder nannte sie »die große Acht in Bayern«. Die Details sind hier überflüssig, aber nach 800 Kilometer nonstop im Sattel und nur alle 200-300 Kilometer für die wichtigsten Dinge im Leben mal eben absteigen und fünf Minuten Pause machen, kam bei mir sehr oft die Frage hoch: warum tue ich das hier? Wieso bin ich so bekloppt und fahre zwei Tage nonstop durch das landschaftlich schöne Bayern und kriege davon nix mit? Und da ging es wirklich ans Eingemachte, da zählte nur noch der blanke Wille, wenn nach acht Stunden auf dem Rad bei relativer hoher Geschwindigkeit wieder eine Bergauffahrt über zwei bis drei Kilometer vor mir lag. Und diese kleinen Berge säumten alle 80-90 Kilometer unseren Weg. Und das Rad hochschieben ging schon gar nicht, obwohl es manchmal so weh tat die Berge hochzufahren. Da war es dann nachts besser, da habe ich ja nicht die Strecke sehen können und immer gedacht, gleich ist es vorbei. Nach zwei Tagen war es vorbei, ich hatte es geschafft und mich als Zweiter souverän qualifiziert.

Von diesen Gedanken (der Schrecken nimmt kein Ende) bin ich weit weg. Jetzt und hier geht es nur darum, jeden Tag viel zu trinken, damit die ganzen Giftstoffe aus dem Körper transportiert werden und genug zu essen, damit ich nicht abnehme. Um mehr geht es eigentlich nicht. Ich lerne ja im Krankenhaus viele Patienten kennen, die auch mit dem Krebs kämpfen. Aber sie kämpfen eben anders. Aus den Gesprächen, die ich dann so mitbekomme, geht es meistens nur darum, wie sie die ganzen Nebenwirkungen der Therapien so gut wie möglich mit Medikamenten besiegen. Aber so richtig mit Eigeninitiative dagegen vorzugehen, kam bei den Gesprächen nie vor. Das unterscheidet mich von den meisten dort im Krankenhaus, ich versuche so viel wie möglich, um dem Tumor das Leben schwer zu machen. Und einfach ist es nicht, jeden Tag immer wieder gegen diese Schluckbeschwerden anzutrinken. Dagegen ist das Laufen ein Kinderspiel, ich laufe gerne und auch schnell.

Bei meinem ersten Besuch in Ägypten in den 80ern bin ich auch viel gelaufen. Ich habe versucht, durch das Land zu trampen, bin aber oft meilenweit zu Fuß gegangen. Manchmal auch quer über die Felder, wenn da nichts angebaut war. Da blieb es auch nicht aus, dass meine Sandalen und Füße von dem Boden dreckig wurden. Irgendwann bin ich an eine Wasserstelle gekommen, an der die Frauen Wasserbehälter füllten und dann kilometerweit mit dem Behälter auf dem Kopf nach Hause gingen. Ich kam an diese Pumpe und die Frauen machten sofort Platz. Ich war ein Mann und zusätzlich noch Ausländer, also in ihrer Welt ganz oben angesiedelt. Sie dachten, ich hätte Durst und wollte etwas trinken. Ich stellte meinen Rucksack ab und hielt meine Füße samt Sandalen unter den Wasserstrahl und putzte sie sauber. Keine von den Frauen sagte etwas, aber ihre Blicke hätten einen Elefanten auf der Stelle getötet. Ich merkte sofort, dass da irgendwas nicht richtig war. Ich stand auf, nahm meinen Rucksack, ging weiter und wusste nicht was passiert war. Damals hatte ich noch überhaupt nicht über den Gedanken, das Wasser Leben bedeuten könnte, nachgedacht. Bei uns gibt es ja Wasser für alles und jedes Bedürfnis, ohne dass man sich irgendwelche Gedanken über Verschwendung machen muss. Aber dort in Afrika war es damals schon ein »heiliges« Gut, das nur für die Küche genommen wurde (außerhalb der großen Städte). Ich habe es dort im wahrsten Sinne mit Füßen getreten.

Aber es gibt auch interessante Sachen, die ich auf dieser Reise erlebt habe. Kairo lag damals noch fünf Kamelreitstunden von den Pyramiden entfernt. Heute hat sich die Stadt mit den Vororten fast bis zu den Pyramiden ausgedehnt. Ich ritt mit dem Kamel also von Kairo zu den Pyramiden und sah mir die Pyramiden in Ruhe von außen und die große Pyramide auch von innen an. Ein Besteigen der Pyramiden war verboten, da waren Wächter die aufpassten. Ich hatte direkt neben den Pyramiden meine Unterkunft und ging dann abends wieder im Mondlicht um die Pyramiden herum und wollte diese ganze geheimnisvolle, mysteriöse Atmosphäre, die das alles ausstrahlt, genießen. Da kam ich auch mit einem Wächter ins Gespräch, so die normalen Themen – wo ich herkomme und arbeite und Frau und Kinder.

Und dann fragte ich einfach mal, ob ich denn auch mal raufklettern könnte. Natürlich sagte er »no, no«! Aber gegen etwas Bakschisch könnte er den Soldaten vorne am Tickethäuschen bestechen und dann ginge das. Also haben zehn US-Dollar die Hände gewechselt und ich kletterte auf die Kleine Pyramide von Gizeh, bis zur Spitze!! Oben machte ich dann ein Foto und löste dabei (logischerweise) das Blitzlicht aus. Da war natürlich Holland in Not, er zeterte da unten weil das Blitzlicht ja meilenweit zu sehen war. Ich kletterte dann still und heimlich auf der anderen Seite nach unten und ging dann im Dunkeln ganz vorsichtig ins Hotel zurück. Heutzutage ist sowas einfach unvorstellbar. Ich war 2008, also ca. 22 Jahre später Jahren noch einmal mit meinem Sohn dort und die Gegend ist nicht mehr wiederzuerkennen. Überall Mauern und Zäune und Kairo erreicht man in fünf Minuten.

Heute ist der 23.04.2020 und ich habe gerade von meinem HNO-Arzt den Befund vorgelesen bekommen. Das CT, das im März 2020 gemacht wurde, hat ergeben, dass nichts, aber auch gar nichts mehr zu sehen war. Es ist noch ein kleiner unbedeutender Punkt (kleiner als ein Millimeter) zu sehen, der ist aber völlig zu vernachlässigen wäre, es waren ja vorher mal zwei Punkte. Juhuuuuuu, ich bin sowas von kerngesund!!!! Apropos gesund:

Ich habe einen Indikator in meinem Körper, der mir genau mitteilt, wann ich mich in »ungesunden« körperlichen Bereiche bewege,bei mir ist das die Nase. Immer wenn ich Nasenbluten bekomme, habe ich eine Grenze überschritten. Sie zeigt mir genau an, wann ich an eine psychische Belastungsgrenze komme, die nicht gut für mich ist. Leider bekomme ich oft nicht mit, dass die Situation so schlimm ist. Anne fragt mich dann schon mal: »He, was ist los?« Manchmal ist es für mich auch nicht sofort ersichtlich, weil vieles unbewusst passiert. Aber meistens ist es »Sonnenklar« und der Grund springt mir sofort ins Auge. Das erste Mal (an das ich mich erinnere) hatte ich dieses Nasenbluten während der schriftlichen Abschlussprüfungen der Mittleren Reife. Da wusste ich nicht, was los war. Tagelang hatte ich dieses Nasenbluten. Nach dem Prüfungsstress war es vorbei. Das beides miteinander zusammenhing, merkte ich erst Jahre später, weil dieses Phänomen immer dann auftrat, wenn ich Stress hatte. Immer wieder bei Konflikten mit mir nahestehenden

Menschen. Während der Strahlenbehandlung hatte ich auch ein paar Mal Nasenbluten. Das war immer das Zeichen, dass es für mich an die Substanz ging. Ich versuchte dann immer ruhiger und besonnener zu werden, damit das Bluten aufhörte. Das ist aber auch so ein Kreislauf, den ich verzweifelt versuchte zu durchbrechen. Ich regte mich schon über das Nasenbluten auf, dann über die Situation die das hervorrief und immer weiter in dem Kreis. Es war nicht schön, Anne war auch hier oft der »Kreisunterbrecher«, indem sie mir auf ihre Art half und beruhigend auf mich einwirkte. Es gibt aber »auch andere Indikatoren« für die körperliche Überlastung meines Körpers. Dann sehe ich »Wunderkerzenfunken« überall. Wenn ich es also bei der körperlichen Belastung übertreibe, dann fliegen überall klitzekleine Funken im Gesichtsfeld umher. Das ist dann für mich das Zeichen, entweder ganz damit aufzuhören oder es kräfteschonender weiter zu tun. Ich komme mit beiden Warnsystemen ganz gut klar, aber das Nasenbluten ist nervig, weil es oft in den unpassendsten Situationen auftritt und ich manchmal kein Taschentuch dabeihabe und das Blut sichtbar für andere ist.

2021

Jetzt (07.01.2021) komme ich seit sehr langer Zeit wieder dazu, an diesem Buch weiterzuschreiben.

In diesen zwei Jahren hat sich sehr viel getan in meinem Leben, das möchte ich nun ein wenig aufdröseln und mit weiteren Geschichten garnieren. Unter anderem haben Anne und ich zweimal geheiratet (heimlich standesamtlich und offiziell kirchlich), ich habe zwei Mal die Arbeit gewechselt, wir haben uns ein Haus gekauft und es kernsaniert. Tja, und Corona war und ist ja auch noch.

Zur Zeit befinde ich mich in einer Rehaklinik und habe dank Corona sehr viel Zeit. Die Anwendungen, die ich bekomme füllen ja nicht die kompletten 12 Stunden am Tag aus und andere Aktivitäten sind verboten. Also ist außer meinen Trainingsläufen und Spaziergängen nicht so viel Zeitvertreib möglich. Natürlich kann ich Fernsehen und Bücher lesen und total entspannen. Aber dieses Buch liegt mir sehr am Herzen, also habe ich mir die nächsten Wochen vorgenommen, daran zu arbeiten.

Tja, wo fange ich an?

Anne hat mich, einige Wochen nach der Krebsdiagnose, bei einem Strandausflug auf Röm (Dänemark) gefragt, ob wir nicht Mann und Frau werden wollen. Sie wollte also endlich Nägel mit Köpfen machen, ich hatte mich zu dem Zeitpunkt nicht getraut. Nun also wollten wir es wagen. Aber erst nach dem ganzen Chemo- und Strahlengedöns! Nach der Anschlussreha Ende November war dann der erste Termin. Weil es mir zwar entsprechend gut, aber immer noch nicht sehr gut ging, haben wir auf Größeres verzichtet und uns quasi klammheimlich im Standesamt das Jawort gegeben. Sofort danach wollten wir ganz idyllisch unsere Hochzeitsreise antreten. Geplant war eine Weihnachtskreuzfahrt auf dem Rhein, von Köln nach Straßburg und zurück. Wir hatten uns das sehr schön vorgestellt, mit den ganzen verschiedenen Weihnachtsmärkten in den Städten, die auf dem Weg lagen. Aber leider hatte Vater Rhein in dieser Zeit zu wenig Wasser. Wir hätten kostenfrei zurücktreten können oder mit dem Schiff nach Amsterdam fahren. Aber wir wollten unbedingt unsere Hochzeitsreise machen, also sind wir dann eben mit dem Schiff den Rhein Richtung Nordsee nach Amsterdam und Rotterdam gefahren. Dort war es zwar nicht so weihnachtlich, aber wir haben das Beste daraus gemacht und es war eine schöne Flitterwochenzeit. Wir hatten das Glück, dass ganz viele Passagiere diese Fahrt storniert haben und wir uns sozusagen mit einigen wenigen Mitreisenden das große Schiff geteilt hatten. Dadurch hatten viel Bewegungsfreiheit und konnten zum Beispiel den Whirlpool im Freien oft genießen. Draußen war es richtig kalt und wir lagen im Pool mit einem Glas Sekt und die Landschaft glitt vorüber. Das entschädigt für vieles.

Weihnachten 2019

Ich sitze in Moskau auf dem Flughafen und denke über mich und die Welt nach. Morgens um 04:30 ist die Welt noch in Ordnung , draußen ist es -10°C und die Schneepflüge fahren im Dauereinsatz über das Rollfeld, hier drinnen ist es muckelig warm und alles ist so, wie es sein soll. Vor vier Stunden in Hamburg war es total verkehrte Welt. Am 25.12. um 20 Uhr waren dort überall die Lichter aus. Aber wirklich überall!!! Für den fünftgrößten Flughafen Deutschlands äußerst kundenunfreundlich. Die Lounge hatte sogar schon um 19 Uhr geschlossen. Was ist mit den Kunden die um 20 Uhr oder später geflogen sind, so wie ich? Verschlossene Türen!!! Das nenn ich doch einfach mal »kein guter Service«! Und ich glaube, da schließt sich wieder der Kreis zur Medizin. Viele Krankenhäuser würden gerne ganz oben mitspielen, aber da spielt Geld eine ganz große Rolle. Und da geht es dann los, wo kann ich noch mehr verdienen? Wo kann ich noch mehr einsparen? Wo bleibt da der Patient/Kunde? Der ist außen vor und muss sich mit dem zufriedengeben, was er bekommt, oder auch nicht. Da müsste dann wirklich der Patient (also ich) vorher nachfragen und sich bei mehreren Kliniken informieren, welche Therapie für ihn wo am besten ist. Aber wer hat in einer solchen Situation die Nerven, um solche Überlegungen überhaupt anzustellen und auch noch umzusetzen. Ich war auch total überfordert mit der Diagnose Krebs und mit dem ganzen Drum und Dran. Ich Fühlte mich von den Ärzten allein gelassen und dann noch alles andere überlegen und diese Fahrerei von zu Hause aus, wenn die Behandlung in einem anderen Ort stattfinden müsste. Nein, nein, habe ich mir dann gesagt. Es wird schon alles gut sein, damit hatte es sich für mich somit erledigt. Und das war im Nachhinein nicht so eine tolle Einstellung. Aber was soll ich sagen, mir fehlte die umfassende Information und vor allem der Mensch, der mich an die Hand nimmt und diese vermittelt. Im Kopf stelle ich mir doch so einiges vor, was wohl besser gelaufen wäre. Das ist halt das Leben, nachher bin auch ich schlauer.

In Moskau erlebte ich den Jahreswechsel und hatte einige tolle Erlebnisse. Moskau war in ein wunderbar weißes Kleid gehüllt, überall lag Schnee, riesige Eiszapfen hingen an den Dächern. Ein richtiger Winter sozusagen. Das Silvesterfeuerwerk beim Kreml wollte ich unbedingt sehen. Da ich nicht der Einzige war, der sich das ansehen würde, dachte ich, das ich doch eine Stunde früher losgehen und mir einen guten Platz suchen sollte, um das Spektakel anzusehen. Gedacht, getan, aber als ich dann aus dem Hotel (lag fast im Zentrum) rauskam, sah ich, dass ich nicht allein war mit diesem Gedanken. Alle Straßen waren voller Menschen, je näher es zum Roten Platz ging, desto voller wurden sie. Zum Schluss war es nur noch ein Schieben, weit, weit weg von meinem gewünschtem Platz. Rings um mich fröhliche Familien und Menschen aus allen Himmelsrichtungen. Tja, wir haben zwar alle nur wenig vom Feuerwerk gesehen, aber nicht so wie geplant. Naja, eine halbe Stunde später löste sich alles ein wenig auf, die Menschen verteilten sich. Ich lief noch ein wenig durch die Stadt und schoss Nachtfotos. Dabei kam ich in einen Park, wo ich erst mal dachte, das gibt's doch nicht! Überall im Schnee saßen Menschen auf Decken und feierten. Sie hatten zu essen, zu trinken und redeten und freuten sich oder saßen einfach nur da und guckten in die Gegend. Es war ein Uhr nachts bei circa Minus 3 Grad Celsius. Also wie der Deutsche im Sommer sein Picknick am Strand macht, macht es der Russe eben im Winter nachts in der Stadt. Da war ich sehr erstaunt und stellte mich einfach dazu und fotografierte dies und das und stand nur so da. Die nächsten Nachbarn auf der Parkwiese hatten dann neugieriger Weise nach wenigen Minuten ein paar Fragen an mich. Das eine nichtverstandene Wort gab das nächste, nach ein paar englisch-russischen Wortbrocken gaben sie mir zu verstehen, ich sollte mich zu ihnen setzen. Ich durfte von allem probieren, was sie auf der Decke liegen hatten. Verschiedene Salatkreationen, Brotsorten, Soßen und Fleisch. Vor allem aber das Nationalgetränk, nach jedem Happen einen original Wodka!

Immer aus der Flasche und immer reihum. Wir haben uns nach einer Weile immer besser verstanden (Wodka löst die Zunge), und es war eine kurzweilige Nacht im Schnee.

Nach den 14 Tagen »Erholung« in Russland folgt nun mein Resümee. Mir ging es an zwei Tagen richtig schlecht. Ich hatte solch ein Kratzen im Hals wie in meiner schlimmsten Zeit während der Bestrahlung. Und von dem Stress bekam ich auch noch Nasenbluten. Ich bekam also alles Furchtbare auf einmal. Im Großen und Ganzen ist es ja gar nicht so schlimm, aber in diesem Augenblick war es für mich einfach nur wie der Weltuntergang. Dann haderte ich mit meiner Genesung und den Fortschritten. Warum hatte ich immer noch diese Probleme? Ich tat doch schon fast alles Menschenmögliche, damit diese Nebenwirkungen endlich aufhörten.

Aber wahrscheinlich reichte es noch nicht. Es ist bei mir jedenfalls so, wenn ich einen Schluck Wodka trinke (russisches Allheilmittel?), dann geht es meinem Hals besser. Aber das kann doch auch nicht sein! Wie sagten schon die Toten Hosen, Alkohol ist auch keine Lösung, oder so ähnlich! Jedenfalls bin ich nicht zufrieden. Das Einzige, was ich hier in Russland nicht gemacht habe, ist gelaufen. Ich bin kilometerweit spazieren gegangen aber das ist ja ein himmelweiter Unterschied. Das Leben ist eben keine Dampfmaschine, oder so! Das Schwierige ist, dass mir niemand so richtig sagen kann, wie es weitergeht mit dem Gesundwerden. Oder wer mir irgendwie helfen kann. Das ist doch die Krux, an der die meisten vor die Hunde gehen. Keiner kann einem richtig helfen. Wo gehen denn die Milliarden für die Krebsforschung hin? Das ist eine rhetorische Frage, weil ich mir die Antwort denken kann. In die Forschung natürlich, weil damit die Krankheit Krebs besser verstanden wird, aber gehört nicht auch das Gesunden dazu? Ich finde jedenfalls: ja, natürlich! Aber bin ich wirklich alleine auf dieser Welt mit den Problemen, von denen meine Frau sagt: es seien Luxusprobleme? Warum soll es mir denn nicht gut gehen? Der Krebs ist erledigt und jetzt hab ich diese doofe Strahlung am Hals, im wörtlichsten Sinn. Zwei Wochen im Jahr 2019 sind vorüber, der Alltag hat mich fest im Griff. Ich bin wieder mittendrin im Prozess des Gesundwerden, mit mehr oder weniger Erfolg. In der Rehaklinik hatten mir die untersuchenden Ärzte immer wieder gesagt, dass es optisch im Rachenraum gut aussieht. Der HNO-Arzt hatte das bei seinen Untersuchungen vor Weihnachten auch nur bestätigen können, das es sehr gut aussieht. Optisch sei im Rachen nicht zu erkennen, warum ich solche Schmerzen hätte. Und mein Hausarzt konnte auch nichts erkennen. Da bin ich also wieder zur Psychologin meines Vertrauens, die mir ja letztes Jahr schon so gut geholfen hatte. Es könnte wieder ein Erinnerungsschmerz sein, der mich manchmal heimsucht, weil eben dieser trockene, kratzige Schmerz im Rachen unregelmäßig und zu verschiedenen Tageszeiten auftritt. Und manchmal, wie im Urlaub, tagelang überhaupt nicht. Seit meinem Therapietermin sind jetzt fünf Tage vergangen und ich hatte an einem Tag Schmerzen. Noch kann ich das Ganze nicht so gut bewerten, weil es ja vorher auch schon längere Zeiten gab, die ich schmerzfrei verbrachte. Ich bin gespannt. Das leidige Thema trinken kommt dafür wieder auf's Tablett. Ich habe schon mehrere Sorten

Tee probiert, aber immer wird mein Hals nach dem Trinken trocken. Fühlt sich an wie ein nicht gut gewaschenes Handtuch, das so auf der Haut kratzt. Wasser und Alkoholika sind jetzt angenehm. Das eine ist langweilig und das andere ist auf Dauer keine Lösung. Das sind jetzt wieder die sogenannten Luxusprobleme. Ich soll doch gefälligst meine Klappe halten und Wasser trinken, das werden doch die meisten von euch denken. Aber es beschäftigt mich halt, kann ich eben nicht ändern. Eigentlich wäre es am schönsten, wenn ich doch endlich richtig gesund wäre. Ist ja schließlich schon eine Weile her mit der Chemo- und Strahlentherapie.

Aber auch hier gilt wie überall, gut Ding will Weile haben. 2019 war das letzte Jahr ausgiebiger Reiseaktivitäten, denn dann fing Corona an.

Anfang Februar haben Anne und ich kirchlich geheiratet, sind dann auf Hochzeitsreise nach Madeira geflogen für 14 Tage, danach war ich für drei Wochen in Portugals Süden zu Fuß unterwegs. Im Sommer ging es dann für drei Wochen mit Anne per Nachtzug und Mietwagen durch Italiens wunderbaren Süden. Zum Jahreswechsel für 14 Tage noch mal für mich hoch in den Norden nach Lappland. Währenddessen habe ich mich wunderbar gesundheitlich entwickelt. Alle sechs Monate zur HNO-Kontrolluntersuchung mit positiver Bestätigung, dass Nullkommanichts zu sehen ist. Ende des Sommers haben wir uns überlegt, dass wir doch eine 180-Grad-Kehrtwendung in Bezug auf Mietwohnung und Eigenheim machen. Wir wollten nie wieder ein Haus (hatten ja beide dieselbe Erfahrung diesbezüglich) und Mieter zu sein war immer okay. Aber man soll niemals nie sagen, kenne ich aus dem Kino! Jedenfalls haben wir gesucht und nach einer Weile auch ein passendes Haus gefunden. Im März 2020 haben wir die Schlüssel bekommen und genau zwei Monate Zeit zum Renovieren. Dann kam Corona! Wir hatten so ein

Glück, dass die Baumärkte aufblieben. Sonst ...???? Jedenfalls klappte alles irgendwie, manchmal mit Hängen und Würgen, aber zum 26.04. 2020 sind wir eingezogen. Und seitdem ist ja alles im Ruhemodus, meiner Gesundheit geht es bestens bis auf ein paar Unstimmigkeiten am Arbeitsplatz, die mich körperlich belastet haben. In dieser Zeit habe ich mich um eine Reha bemüht und diese auch genehmigt bekommen.

Die Unannehmlichkeiten ließen sich aber nur beseitigen, indem ich eine neue Arbeitsstelle suchte und ganz in der Nähe fand.

Jetzt bin ich in dieser Reha, coronabedingt ist sie ganz anders als die erste Reha. Ich habe quasi ganz viel Zeit für mich vor und nach den Behandlungen, weil ja alle Aktivitäten oder netten Zeitvertreibe nicht erlaubt sind. So habe ich viel Zeit zum Schreiben.

Ich habe ja schon mehrmals berichtet, dass das Essen und Trinken ein wichtiger Faktor während der Chemo- und Strahlentherapie war. Damals habe ich mir immer gesagt, so geht es nicht weiter, ich möchte dieses und jenes verändern. Jetzt, eineinhalb Jahre später kann ich schon mal ein Resümee ziehen. Das Einzige, was ich wirklich versuche umzusetzen, ist das Vermeiden von Zucker. Ich habe zum Beispiel aufgehört mit meiner jahrzehntelangen Tradition, jeden Morgen einen Liter Schokomilch zu trinken. Ich verzichte seit Längerem auf das Schokopulver und wir haben einen Bauernhof hier um die Ecke gefunden, der uns zehn Liter frische Kuhmilch einmal die Woche ins Haus bringt. Und diese Milch ist einfach nur lecker. Früher habe ich immer nach dem Sport oder der Sauna mein isotonisches Getränk getrunken. Nachdem ich gelesen hatte, wie viel Zucker da enthalten ist, war es für mich vorbei.

Jetzt gibt es nur noch Wasser und Tee. Wie beim Müsli,

einige Sorten sind richtig lecker und die habe ich liebend gerne gegessen, aber der Zuckergehalt erschlägt einen dann doch. Also mixe ich mir jetzt mein Müsli selbst, es ist natürlich mit ein wenig Aufwand verbunden aber das muss halt sein. Es ist wirklich so, im Supermarkt findet man ja kaum Lebensmittel, in denen kein oder wenig Zucker enthalten ist. Was habe ich früher gerne Joghurt gegessen, diese verschiedenen Kreationen mit Marzipan und Mohn und Früchten und, und, und. Aber das ist jetzt einfach unmöglich für mich bei dem Inhalt. Wenn ich mir den Joghurt selbst mache (habe ich auch schon versucht) schmeckt er mir nicht. Da fehlt einfach etwas, damit es genauso schmeckt wie früher. Da hat mein Geschmack wohl einen »Schaden« bekommen über die Jahrzehnte. Seit ein paar Jahren wohnen Anne und ich zusammen und es war immer so, dass wir am Wochenende zusammen gekocht haben. Unter der Woche nicht, weil wir abends nicht noch warm essen wollten. Also haben wir uns immer in der Woche überlegt, was wir denn am Wochenende essen wollten. Das wurde dann auch mit der Zeit, ja wie soll ich das sagen? , langweilig oder nicht mehr so spannend oder trist. Jedenfalls kamen wir dann auf die Idee, dass wir uns abwechseln. Ein Wochenende bin ich zuständig, ein Wochenende ist sie für das Essen zuständig, das heißt, jeder sucht sich das Essen aus und macht eine Liste von dem, was wir benötigen. Wir kaufen zusammen ein und schnippeln und putzen zusammen, aber für das Zubereiten und Würzen und die Feinheiten ist dann derjenige allein verantwortlich. Und das macht wieder richtig Spaß, da waren so interessante Kreationen dabei. Ich traue mich einfach Gerichte zu kochen, die Anne vielleicht erst mal nicht so toll findet, aber die nachher einfach doch superklasse waren. Und bei Anne ist es genau so, das hat unserem Essen eine neue Qualität gegeben.

Vor der Strahlen- und Chemotherapie musste ich ja mehrere Seiten unterschreiben, auf denen detailliert geschrieben stand, was so alles an Nebenwirkungen auftreten kann. Unter anderem auch Haarausfall auf dem Kopf und im Gesicht (Bart). Der auf dem Kopf ist nicht eingetreten und der Bartwuchs war nur kurzzeitig nicht mehr vorhanden. Jetzt habe ich fast wieder normalen Bartwuchs oberhalb der Lippe und an den Wangen. Der Haarwuchs an Kinn und Hals hat sich noch nicht erholt und wird wahrscheinlich auch so bleiben. Da verbrauche ich halt weniger Rasierschaum! Darüber bin ich nicht unglücklich. Apropos rasieren …

Wann immer möglich, habe ich mich in fernen Ländern rasieren lassen. In Asien waren es meistens Barbiere, die auf der Straße einen Hocker hatten und einen Spiegel an der Hauswand oder an einem Baum. Also rauf auf den Hocker, so ein Tuch um den Hals geschlungen und los ging es. Oft hatten sie ein Gefäß mit warmem sauberen Wasser und einen Eimer mit Restwasser. Und meistens mit einem richtigen alten Rasiermesser, das an einem Leder scharf gewetzt wurde. Das war einfach wunderbar zu beobachten und zu erleben. Meistens kostete die Prozedur um die 50 Cent und war in 10 Minuten erledigt. In Myanmar war ich vier Tage in Mandalay, weil ich die Stadt als Ausgangspunkt für mehrere Ausflüge genutzt habe. Da gab es einen Frisör, der auf einer Verkehrsinsel im Kreisverkehr seinen Salon hatte. Mitten im Verkehr auf einer Verkehrsinsel stand ein kleiner Baum, an dem war ein Spiegel befestigt, davor stand ein Stuhl und rings um den Baum mehrere Eimer und fertig war sein Salon. Gleich am ersten Tag ging ich zu ihm ließ mich rasieren und gab ihm großzügig einen Dollar. Am dritten Tag war ich noch mal dort, nicht weil mein Bartwuchs so ungeheuerlich war, sondern wegen der Prozedur. Einfach herrlich und weil ich so zufrieden war, gab ich ihm fünf Dollar und verabschiedete mich. Als ich später am Tag wieder an der Verkehrsinsel vorbei kam, die ziemlich zentral lag war er nicht mehr da. Am nächsten Tag auch nicht. Wahrscheinlich hatte er sich kurzfristig Urlaub genommen, fünf Dollar waren wohl doch zu happig für eine Rasur! In Indien habe ich ein Foto von meinem Barbier gemacht (siehe Foto Seite 51), leider habe ich in Myanmar kein Foto geschossen.

Nach den Reisen wurde ich oft gefragt, ob ich denn nie Angst gehabt hätte oder in einer gefährlichen Situation gewesen wäre. Meistens war ich ja alleine unterwegs und ich habe ja bewusst versucht, nicht auf den Touristenrouten zu reisen, sondern abseits davon. Dabei kann ich sagen, ich bin niemals ausgeraubt oder körperlich angegangen worden. Ein einziges Mal hat man mir in Barcelona meine Kamera geklaut. Aber das war wirklich genial gemacht von den Dieben, muss ich im Nachhinein bewundernd feststellen. Einer hat mich mit einem ganz netten Thema abgelenkt und der andere hat die Kamera vorsichtig aus der Tasche genommen. Ich habe nix davon mitbekommen, aber daraus gelernt, dass ich immer und überall die Kamera vor mir trage oder halte, wenn die Situation unübersichtlich ist.

Apropos Angst haben:

In Peru war ich Dschungel unterwegs und habe dort in einer Lodge am Fluss übernachtet. Bei meiner Ankunft habe ich gefragt ob ich denn im Fluss baden könnte, worauf unser Guide der Tour mir salopp und locker sagte: Mach doch! Ich ging also am späten Nachmittag mit Badehose und Kamera zum Fluss (ein Nebenfluss vom Amazonas) und tobte mich da aus, ist einfach herrlich bei dieser Hitze ins kühle Nass zu springen. Nach dem ausgiebigen Bad kehrte ich zurück zur Unterkunft worauf der Guide mich fragte, wo ich denn herkäme.

Vom Baden (das war ja offensichtlich) sagte ich und er

flippte auf einmal aus. Ob ich denn bekloppt, krank, lebens-müde oder sonst was wäre … . Ich fragte ihn ganz unschul-dig: »Wieso, warum, Du hast doch gesagt, mach doch!« – »Das war nur ein Scherz, jeder normale Mensch weiß doch, das das hier gefährlich ist«, sagte er ziemlich laut zu mir. Für die Nacht hatte ich schon im Voraus eine Bootstour gebucht. Die hatte es dann wirklich in sich. Alle Leute, die daran teil-nehmen wollten, wurden von dem Guide zum Boot geführt, dann ging es raus auf den Fluss. Wir hatten alle Taschen-lampen dabei und leuchteten alles um uns herum ab. Überall leuchtete es zurück!, überall waren Augen zu sehen, die uns magisch »anleuchteten«. Diese Augen gehörten Krokodilen, die am Ufer lagen oder im Wasser schwammen. Jetzt verstand ich den emotionalen Ausbruch des jungen Mannes. Ich hatte wieder dazugelernt und Glück gehabt.

2015 war ich in Rio de Janeiro zum Karneval und habe dieses wunderbare Flair der riesigen Begeisterung im Land erlebt. Ich hatte ein Ticket für das Sambadrom und konnte mir die Show des Karnevalumzuges live und in Farbe an-sehen. Das Sambadrom ist eine 700 Meter lange Straße, die von Tribünen der Zuschauer gesäumt ist. Auf die Tribünen passen 90.000 Zuschauer. Irgendwann am frühen Morgen war die Show vorbei und alle gingen nach Hause, ich natür-lich auch. Ich war noch so begeistert von dem Ganzen, dass ich einfach zu Fuß durch die Stadt gegangen bin. Ohne Plan, einfach immer nur geradeaus oder mal nach rechts oder links. Irgendwann wollte ich dann doch ins Hotel und fand nach etwas Suchen auch ein Taxi. Der Fahrer war völlig über-rascht, dass er mich dort aufgelesen hatte. Im Gespräch wäh-rend der Fahrt stellte sich heraus, dass ich in einem Viertel gelandet war, wo es keine Polizei gibt. Da gibt es nur das Recht des Stärkeren, meistens dem mit der größeren Pistole, also für Ausländer überhaupt nicht zu empfehlen. Wieder mal

Glück gehabt. Aber ich habe bei diesen ganzen »Erlebnissen« niemals Angst gehabt, oder auch nur das Gefühl, dass es gefährlich sein könnte.

Da ich meistens individuell durch die Welt gereist bin, habe ich alle möglichen und unmöglichen Fortbewegungsmittel ausprobiert und kennengelernt. Das geht los beim Zweirad, über Auto, Bus, Bahn, Lkw und verschiedene fliegende Maschinen. In Australien mit einer historischen Tiger Moth (Doppeldecker mit offener Kabine von 1931) oder diversen Leichtflugmaschinen. Aber das Allerschärfste war wohl in Sri Lanka, da gab es einen Piloten, der flog mit einem kleinen Schlauchboot durch die Gegend. Das war so ein kleines 3-Meter-Schlauchboot, mit einem Gestell versehen, an dem dann alles angebaut war. Der Pilot saß vorn und ich hinter ihm direkt vor dem riesigen Propeller.

Gestartet sind wir auf dem Fluss vor seiner Wassergarage, gelandet sind wir eine halbe Stunde später am Strand, weil der Wind zu stark war und das kleine fliegende Ungeheuer es nicht geschafft hätte, dagegen anzufliegen. Das war aber mal etwas ganz neues für mich, ich glaube einmalig auf der Welt (so der Pilot). Gut zu sehen auf den Fotos Seite 107.

Interessant ist es auch zu erleben, wie man sich so auf der Welt verständigen kann, ohne die Sprache zu verstehen. Heutzutage gibt es ja diverse Übersetzungs-Apps, ich spreche auf Deutsch rein und das kleine Ding (Handy) spricht oder schreibt es in der jeweiligen Sprache. Und schon ist das Problem gelöst. Als ich 2018 in einem kleinen Dorf am russischen Polarmeer war (also gefühlt fast hinterm Mond) benutzte auch ich die App auch benutzt. Aber vor zehn Jahren in Bolivien hatte ich so etwas noch nicht und Spanisch war bis auf ein paar Grundbegriffe für mich eine Sprache von einem anderen Stern. Ich hatte mich vor der Reise informiert und wollte unbedingt den größten Eisenbahnfriedhof der Welt sehen. Das stehen über 100 Lokomotiven und Wagen aus dem 19. und 20. Jahrhundert und jeder Besucher kann überall herumklettern und alles Mögliche machen. Er befindet sich außerhalb von Uyuni, gut zu Fuß zu erreichen. Ich also raus aus dem Hotel, eine grobe Richtung eingeschlagen und ging los. Aber irgendwie hatte ich kein Glück mit der Richtung, nach einer Stunde Gehen war immer noch nichts zu sehen. Nur endlose Weite und davon ganz viel mit nichts darin. Ich kehrte also wieder zurück Richtung Stadt und fragte an der ersten und einzigen Tankstelle den Tankstellenbesitzer nach dem »Eisenbahnfriedhof«? Auf Englisch natürlich, er sah mich an und sah in den Himmel und überall hin. Tja, und nun? Dann habe ich es international versucht, Museum und sowas. Gibt es ja fast in jeder Sprache, aber kein Erfolg. Ich habe alles Mögliche versucht, aber null Erfolg, niente, nothing, nix!! Und dann mein letzter Versuch, meine rechte Faust ging nach oben und als ich sie zur Schulter senkte machte ich jieeeeeeee und dann pft pft pft pft. Ich war die beste Dampflock der Welt! Was soll ich sagen, sofort leuchteten seine Augen und er sagte etwas von Tren und Cementerio (darauf wäre ich im Leben nicht gekommen), zeigte mir die Richtung. Und eine Stunde später konnte ich mich auf dem größten Schrotthaufen der Eisenbahngeschichte austoben.

Apropos Eisenbahnen, in den 80ern bin ich mit dem Interrail Ticket der Deutschen Bahn durch Europa getingelt. Das war so klasse, für relativ wenig Geld (420 DM) zwei Monate durch Europa touren. Und vor allem Land und Leute und Meinesgleichen (Bahntramper) kennenlernen. Die Abteile waren voll von Gleichgesinnten und es wurden alle Neuigkeiten oder Informationen Face-to-Face ausgetauscht. Kann man sich ja heute mit dem Handy gar nicht mehr vorstellen. Und vor allem immer diese Grenzkontrollen in der Nacht, und fast immer nachts. Wir waren alle gerade eingeschlafen, da ging die Tür auf und sie standen da um die Reisepässe zu sehen.

Ich war immer kreuz und quer unterwegs, wir hatten ja freie Fahrt mit dem Ticket. Unter anderem auch zur Akropolis. Athen war ein Schlussbahnhof, weiter südlich ging es ja nicht mehr, denn da war dann nur noch Wasser. Noch dazu ein Sackbahnhof. Und es war warm, tagsüber sehr warm und in der Nacht auch noch gut temperiert. Viele von uns wollten wenig bis kein Geld für die Übernachtung ausgeben, so ergab es sich jede Nacht, dass wir einfach im Bahnhof zwischen den Gleisen im Schlafsack schliefen. Irgendwie gab es eine stille Übereinkunft, wir durften vom letzten Zug in der Nacht bis zum ersten Zug am Morgen dort liegen. Tagsüber war es verboten, es fuhren ja auch wieder Züge. Das war total normal und nie gab es Stress, auch heutzutage undenkbar.

Vor vier Jahren bin ich mit der transsibirischen Eisenbahn von Ulan-Bator bis Irkutsk gefahren. Die Strecke ist für jeden Naturliebhaber ein Genuss. Ich war mit einer russischen Dame mittleren Alters allein in dem Abteil, wir saßen uns gegenüber. Wir schwiegen die Stunden und jeder hing seinen Gedanken nach oder sah der fliegenden Umgebung aus dem Fenster zu. Es wurde dann irgendwann auch Abend und der Zugbegleiter machte unser Abteil fertig für die Nacht. Es wurden die Betten runtergeklappt, Bettzeug drauf und dies und jenes. Als er mit allem fertig war und rausging, sah mich die nette Dame an und bedeutete mir mit ihren Augen unmissverständlich, ich solle ihm hinterhergehen. Was soll ich sagen, ich habe sofort gemacht, was sie von mir wollte. Noch wusste ich nicht, warum. Als ich draußen war, zog sie die Vorhänge zu und verriegelte die Tür. Nach einer Ewigkeit hörte ich dann irgendwas an der Tür und dann etwas in laut gesprochenem Russisch. Also ich mir gedacht, ist jetzt alles okay und die Tür aufgemacht und reingegangen. Sie lag in ihrem Bett, die Bettdecke bis zum Kinn hochgezogen und nickte nur kurz und dann stand ich da mit meinem Talent. Ich habe mich dann unter der Bettdecke umgezogen ohne Licht. Und am Morgen dasselbe Spiel noch mal, dieses Mal wusste ich aber, was los war. Irgendwann ist sie schweigend ausgestiegen und ich hatte das Abteil für den Rest des Tages für mich allein.

In Japan 2019 hatte ich mir auch ein Wochenticket für die Shinkansen-Züge gekauft, ich wollte schnellstmöglich und unabhängig durch Japan fahren. Das war unglaublich, diese Züge sind superpünktlich, supersauber und superschnell. Also, so etwas habe ich weltweit noch nie erlebt. Auf die Sekunde kommen sie in den Bahnhof und fahren auf die Sekunde weiter. Ich hatte mir vorher immer einen Sitz reservieren lassen und der Wagen hält auf jedem Bahnsteig genau an der angezeichneten Position. Die Tür meines gebuchten Abteils ging so direkt vor meiner Nase auf. Und diese Freundlichkeit der Schaffner in den Zügen, sie verbeugen sich beim Betreten der Abteile und genauso beim Verlassen, unfassbar für einen Europäer. Dazu noch schneller als Fliegen, wenn man nicht weiter als 1000 Kilometer unterwegs ist, was ja bei mir der Fall war. Ich bin damit gerne unterwegs gewesen und musste sehr oft an die Deutsche Bahn denken, allerdings nicht im positiven Sinne.

Jetzt in der Reha habe ich mich auch mit der Frage beschäftigt, ob mich der Tumor und das ganze Drumherum verändert oder mein Leben nachhaltig beeinflusst hat. Ich habe mir ja während der Behandlung so einiges vorgestellt, vor allem, was das Essen betrifft. Wie ich es verändern und worauf ich aufpassen wollte. Einiges hat sich auch ergeben, aber das ist ein längerer Prozess, mehr oder weniger ein Fließen. Nichts passiert von heute auf morgen bei mir und in unserer Ehe genauso. Wir besprechen so gut wie alles und dann wird es ausgelotet und probiert. Wenn ich da bei der Ernährung bleibe, haben wir zum Beispiel monatelang gesucht, bis wir einen Bauernhof gefunden haben, der uns die Milch liefert.

Während der Behandlung habe ich die Milch selbst bei einem Bauernhof abgeholt, aber das war so zeitintensiv, dass ich damit auch aufgehört habe, als ich wieder anfing zu arbeiten.

Das sind Kleinigkeiten, aber wir sind jetzt total froh darüber, dass das so gut klappt, immerhin verbrauchen wir ja zehn Liter die Woche. Und was wir da an Tetra Packs einsparen, ist schon klasse. Oder das Müsli, früher war es das Fertigmüsli, das ja auch lecker, war aber eben sehr zuckerhaltig. Und nun werden fünf bis sechs Zutaten gekauft (zuckerarme) und dann in einem größeren Behälter gemixt. Das ist mindestens genauso lecker, aber eben aufwendiger. Und es ist nicht so, dass wir jetzt überhaupt keine Fertigprodukte (Pizza etc.) kaufen. Natürlich passiert das noch, aber nicht mehr so häufig eher selten und dann aber was Extraleckeres, Besonderes. Das genießen wir dann auch. Also auch dieses Essen an sich hat sich ein wenig verändert. Nicht mehr so oft nebenher beim Fernsehen oder Zeitung lesen essen. Sondern bewusst einfach ohne Ablenkung das Gericht oder das Brot oder den Salat zu sich nehmen bei einem interessanten Gespräch (Schweigen ist auch möglich!).

Manchmal klaffen noch Wunsch und Wirklichkeit erheblich auseinander, aber ich arbeite daran. Rom ist ja auch nicht an einem Tag erbaut worden.

Bei mir kam in der Zeit noch dazu, dass ich binnen eines Jahres zweimal die Arbeitsstelle gewechselt habe. Ich war immer der Meinung, dass ich mit Freude zur Arbeit gehen sollte, das habe ich fast mein ganzes Leben so getan. In meinem Arbeitsleben hatte ich immer das Glück, dass ich in der Beschäftigung meine Erfüllung fand. Es waren immer Umzüge (dreimal), die mich dazu veranlasst haben, den Arbeitsplatz zu wechseln. Wie der Zufall es wollte, lagen jeweils etwa zehn Jahre zwischen den Umzügen. Die letzten zehn Jahre in einer Bootswerft in Kappeln waren mit die erfüllendsten Arbeitsjahre. Viel an der frischen Luft, immer am oder im Wasser und Holzbearbeitung in allen möglichen Facetten. Ich mochte es schon immer gerne, draußen zu arbeiten, in Bewegung zu bleiben und handwerklich beschäftigt zu sein. Das war natürlich schwer zu toppen. Die erste Arbeitsstelle nach dem Umzug nach Flensburg war mehr oder weniger eine Notlösung. Denn ich wollte nicht jeden Tag 100 Kilometer hin- und zurückfahren, nur um arbeiten zu gehen. Notlösungen sind immer ein Kompromiss; das Wichtigste war, dass ich Arbeit hatte. Aber als ich wieder gesund war und weiterarbeiten sollte, sagte ich mir dann, ich versuche es woanders. Das ist leichter gesagt als getan. Ich gehe auf die 60 zu und hatte gerade eine Krebserkrankung überstanden. Wer nimmt so einen noch? Außer meiner Erfahrung hatte ich ja nicht so viel zu bieten. Die Jüngeren sind belastbarer und kompromissbereiter als ich. Aber wie das so ist im Leben, manchmal habe ich auch Glück und ein neuer Job eröffnete neue Horizonte. Aber auch hier war es nach einiger Zeit so, dass ich einiges überhaupt nicht machen wollte. Was vorher auch nicht so besprochen war, aber in Notsituationen eben von mir gefordert wurde. Also habe ich mich wieder nach einer neuen Arbeitsstelle umgesehen und diese auch gefunden. Es geht immer und überall, keiner muss sich alles gefallen lassen. Auf Dauer wäre ich da unglücklich geworden und das wollte ich auf keinen Fall. Dass die Arbeit Spaß macht, ist das, was das Leben ausmacht. Ich habe nur dieses eine Leben und das möchte ich, wenn möglich, nach meinem Gusto gestalten. Es nützt ja keinem, wenn ich »Millionen«

nach Hause bringe, aber nicht gerne zehn Stunden am Tag arbeite! Dann lieber ein Paar Euro weniger verdienen und dafür glücklich und zufrieden nach acht Stunden Arbeit an der frischen Luft nach Hause kommen. Ich wollte auch auf keinen Fall so enden wie einige meiner ehemaligen Arbeitskollegen, die immer nur gesagt haben: »Ich würde ja gerne, aber es gibt ja nichts für mich auf dem Arbeitsmarkt. Aber irgendwann, dann...« Nein, nein, so wollte ich meine Zeit nicht verbringen und dabei hat Anne mich auch total unterstützt. Denn das ist ja wirklich so, wenn ein Schicksalsschlag dich trifft, was hast du dann vom Leben gehabt, wenn du immer unzufrieden warst? Deshalb hier und jetzt leben und so viel wie möglich genießen. Das ist natürlich jetzt in der Corona-Zeit nicht so einfach für mich, wie für alle anderen, ist es eine sehr belastende Zeit. Ich würde gerne verreisen, so wie immer, aber diesmal sind mir die Hände gebunden. Da muss ich mich fügen, es geht nicht, damit basta. Ich kann mich immer noch ganz schlecht damit arrangieren, aber es führt kein Weg daran vorbei.

Such dir eine Arbeit, die du gerne tust.
Dann brauchst du keinen Tag in deinem Leben
mehr zu schuften.
Konfuzius (um 500 v. Chr.)

In den letzten 15 Jahren war ich grundsätzlich in der Zeit um meinem Geburtstag herum (meistens übers Wochenende) in Barcelona. Das war so und wird auch wieder so sein, aber wahrscheinlich werde ich in diesem Jahr, (genau wie im letzten), darauf verzichten müssen. Das ist so traurig, weil ich ganz viele schöne Dinge mit diesem Tag verbinde. Seit ich Anne kenne, sind wir zusammen an diesem Tag dort gewesen. Das vermisse ich doch sehr. Diese pulsierende Metropole mit ihren vielen architektonischen Highlights. Und im Frühjahr, wenn das Wetter auch noch stimmt, ist es dort sowieso absolut unschlagbar. In der warmen Frühlingssonne draußen sitzen und einfach genießen, dort zu sein. Oder den Fortschritt des Baus der Sagrada Familia zu beobachten. Es gibt einfach so vieles zu sehen, dass mir nicht langweilig wird, jedes Jahr aufs Neue dahin zu fliegen. Und natürlich Einheimische und Touristen zu beobachten, mit ihnen zu schnacken oder sich einfach nur mit ihnen treiben zu lassen.

Apropos Touristen: In Uganda hatte ich ein älteres israelisches Ehepaar kennengelernt, das sich mit mir aufgemacht hatte, die Gorillas im Dschungel zu besuchen. Dazu muss ich sagen, dass diese Besuche zum Schutz der Gorillas streng limitiert sind. Ein halbes Jahr vorher muss man sich dieses ziemlich teureTicket im Internet kaufen, irgendwie nach Uganda in den Nationalpark fahren, um dann für eine knappe Stunde mitten in einer wild lebenden Gorillagruppe sein zu dürfen. Ich wollte sie unbedingt fotografieren und diese Silberrücken (ältere Männchen genannt) hautnah sehen. Das war mein Herzenswunsch. Die beiden Israelis hatten das alles organisieren lassen und brauchten sich um nichts zu kümmern. Aber vor Ort im Nationalpark waren sie dann auf sich allein gestellt, zusammen mit dem Ranger und mir. Die vier bis fünf Stunden Fußmarsch im Urwald waren ziemlich anstrengend, auf und ab zu Fuß durch Gestrüpp und durch Matsch und Milliarden von Fliegen! Also nichts für Sonntagsspaziergänger. Auf meine Frage, warum sie sich diese Strapazen antaten, sagte er dann, er wollte sein ganzes Leben lang mal diese Tiere in freier Wildbahn sehen. Und deswegen machte er das, die beiden schossen auch keine Fotos, nichts dergleichen. Sie standen einfach nur da und genossen dieses Naturspektakel.

Diese Einstellung fand ich wunderbar, nicht immer nur zu denken – ach, zu weit weg oder zu teuer oder keine Zeit.

Einfach machen, auch wenn es manchmal ein bisschen dauert und mühselig ist, bis der Wunsch in Erfüllung geht.

Hier in der Reha komme ich mir ein bisschen vor wie im Kloster. Weil ich ja quasi die meiste Zeit auf meinem Zimmer bin. Selbstgewählte Quarantäne sozusagen. Das Wetter ist nicht so schön, die Anwendungen sind überschaubar und eineinhalb Stunden Sport am Tag reichen auch. Ich bin ja jetzt kein Leistungssportler mehr. Alles andere an Zeitvertreib ist ja coronabedingt nicht erlaubt. 2013 war ich zum Jahreswechsel für 14 Tage im Kloster Himmerod in der Eifel. Es liegt etwas abseits mitten im Wald. Ich wollte da mal ein wenig Abstand zum Alltag bekommen und hatte meinen Aufenthalt mit Schweigen verbunden. Das ist wirklich Klasse, einfach mit sich und seinen Gedanken allein zu sein. Ich ging viel spazieren und erkundete diese wunderbare grüne Umgebung mit meinen Füßen. Das Klosterleben mit seinen Mönchen und den dazugehörigen Zeremonien hat mich jeden Tag neu in meinem Vorhaben bestärkt. Diese liturgischen Gesänge und Orgelspiele sind Balsam für Augen und Ohren. Alles aufnehmen mit allen Sinnen war meine Devise. Da ich nicht gesprochen habe, musste ich alles mit mir selbst ausmachen. Irgendwann kam auch der Punkt, an dem es bei mir Klick machte und mir alles andere auf der Welt nicht mehr so nah war. Da sind die Probleme zu Hause oder etwaige Sorgen (wegen diesem und jenem) einfach ganz weit weg und nicht relevant. Nur noch hier und jetzt, das war ja auch das Ziel des Ganzen.

So ist es jetzt hier in der Reha dann aber doch nicht. Zwar bin ich die meiste Zeit allein, aber ich muss ja kommunizieren. Ich werde mich auch nie an diese Mund-Nase-Masken gewöhnen. Ich finde sie einfach nur schrecklich, ich kann mein Gegenüber nicht erkennen mit Maske. Nicht sehen, wenn er mit mir redet, wie er mit mir redet.

Diese Mimik ist doch ganz wichtig beim Reden. Das ist furchtbar für mich und deshalb meide ich auch, wenn möglich, Unternehmungen, die eine Maske erfordern. Schade, aber ich fühle mich einfach nicht wohl mit dem Ding im Gesicht.

Betrachtungen aus der Ferne

Jetzt im Nachhinein (ca.30 Monate nach der Krebsbehandlung) bin ich natürlich in vielen Sachen schlauer als vorher. Und würde auch einiges anders machen, aber diese Situation wird sich nie so wieder ergeben. Das Leben ist ja ein Fließen und Bewegen und alles ändert sich, auch bin ich erfahrener geworden. Die Medizin bleibt ja auch nicht stehen, auch dort gibt es weitere Fortschritte. Und vielleicht, darauf setze ich große Hoffnung, wird auch einmal der Mensch als Individuum und nicht nur Studien von vielen Menschen im Mittelpunkt stehen. Ich bin gesund und munter, stehe wieder mitten im Leben und genieße es in vollen Zügen (mit Corona-Einschränkungen).

Nachruf

Mögest Du, mein lieber gehasster Tumor, in den ewigen Weiten der Finsternis vor Dich hinmodern und zwar für immer und ewig. Es sollte Dir eine Lehre sein, dass Du dich mit mir angelegt hast. Du warst von Anfang an zum Scheitern verurteilt. Es kann nur einen geben in meinem Körper, nämlich mich!!!

Aber ich muss auch sagen, das ich diese entbehrungsreiche und manchmal auch sehr qualvolle Zeit nicht missen möchte. Sie hat mir neue Horizonte in meinem Leben gezeigt und auch das eine und andere unwichtige geklärt.

Das ist nicht das Ende, es ist auch nicht der Anfang vom Ende, aber vielleicht ist es das Ende vom Anfang.
Winston Churchill (1874-1965)

Danksagung

Ich möchte mich bei meiner Frau Anne bedanken, die viele Stunden damit verbracht hat, den Text auf Grammatik- und Rechtschreibfehler zu prüfen sowie mich das eine oder andere Mal darauf hinzuweisen, das ich Orte, Jahreszahlen und Begebenheiten durcheinander brachte ….. (bei den vielen Reisen auch kein Wunder …).

Danke auch an Jutta und Andreas Lassen, Steven Wülbers und Levke Thomsen, die das Buch in Rohform gelesen und kommentiert haben. Sie haben mir tolle Tipps und Anregungen zum schreiben der Endfassung gegeben.